中级口语

Intermediate Spoken Chinese

外文出版社

北　京

First Edition 1983

Published by the Foreign Languages Press
24 Baiwanzhuang Road, Beijing, China

Printed by the Foreign Languages Printing House
19 West Chegongzhuang Road, Beijing, China

Distributed by China Publications Centre (Guoji Shudian)
P.O. Box 399, Beijing, China

Printed in the People's Republic of China

说　　明

　　这是为短期进修汉语的外国人编写的口语教材，适于已掌握1000——1500个词汇的学生使用。全书二十课，每课有课文、生词、词语例解和练习四个部分。生词有英文翻译。

　　本教材注意选用生活中常见句型、词语和习惯的口语表达方法，讲求实用。也注意到了旅游的特点。通过四十多个学时的课堂训练，学生可扩展700来个新的词汇，能较快地提高听和说的能力，能较好地进行会话。

　　本书编者原如刚、李杨。英文翻译：熊文华、沈蓁

编　者

PUBLISHER'S NOTE

Intermediate Spoken Chinese is designed to improve the spoken Chinese of foreigners who already have a vocabulary of 1,000 to 1,500 Chinese characters. Each of 20 lessons has a text, a vocabulary list with *Pinyin* spelling and English equivalents, explanation and examples of idioms used in the text, and exercises.

This is a book of practical value that pays particular attention to sentence patterns and commonly used idiomatic expressions. It also has in mind the language used most often by visitors to China. The book needs about forty hours of teaching time to enable a student to enlarge his vocabulary by 700 characters, improve his listening and speaking abilities, and increase his conversational fluency.

The book has been edited by Yuan Rugang and Li Yang. The English translations are by Xiong Wenhua and Shen Zhen.

目　　录

第一课 飞机上

（哈雷、安娜夫妇与中国留学生杨帆在飞机上）

哈　雷：先生，您是去中国吧？

杨　帆：是的。您呢？

哈　雷：我也是。请问，您从哪儿来？

杨　帆：巴黎。

哈　雷：巴黎！您在那儿做什么？

杨　帆：在巴黎第三大学学习，现在毕业回国。看样子您是巴黎人吧？

哈　雷：不，我在巴黎学中文。您贵姓？

杨　帆：姓杨，我叫杨帆。

哈　雷：认识您非常高兴。我叫哈雷，这位是我夫人安娜。

安　娜：您好。

杨　帆：您好。您也学中文吗？多长时间了？

安　娜：是的，两年了。能看一点，不怎么会说，也听不大懂。在巴黎说中文的机会太少，这次趁暑假去中国提高提高。

杨　帆：学语言，环境是挺重要的。就拿我学法语来说，在国内老学不好；到巴黎就不同了，整天听的、说的全是法语，学起来就快多了。

哈　雷：您在巴黎学了多长时间？

杨　帆：一年零七个月。

安　娜：那您法语说得一定很好啦。

杨　帆：哪里，差得远呢！你们打算去哪个学校？

安　娜：北京语言学院。

杨　帆：噢，那儿离我们北大不远。欢迎你们去玩儿。

哈　雷：有时间一定去。

播音员：女士们，先生们，北京到了。飞机就要降落了，请系好安全带，不要吸烟。谢谢。

（他们下了飞机）

杨　帆：祝你们暑假愉快！

哈　雷：
安　娜：谢谢，再见！

生　　词

1. 夫妇	（名）	fūfù	husband and wife
2. 毕业	（动）	bìyè	to graduate
3. 贵姓		guìxìng	what is your surname?
4. 机会	（名）	jīhuì	opportunity; chance
5. 趁	（介）	chèn	to take the advantage of
6. 暑假	（名）	shǔjià	summer vacation
7. 环境	（名）	huánjìng	environment; circumstance
8. 挺	（副）	tǐng	very
9. 拿	（介）	ná	to take (sb. for example)

2

10. 老	（副）	lǎo	always
11. 那	（连）	nà	then; in that case
12. 打算	（动、名）	dǎsuan	to intend; plan
13. 噢	（叹）	ō	(an oh interjection)
14. 女士	（名）	nǚshì	lady
15. 降落	（动）	jiàngluò	to land; to descend; to touch down
16. 系	（动）	jì	to fasten
17. 安全带	（名）	ānquándài	safety belt
18. 吸烟		xīyān	to smoke
19. 祝	（动）	zhù	to wish

专 名

1. 哈雷	Hāléi	name of a person
2. 安娜	Ānnà	name of a person
3. 杨帆	Yáng Fān	name of a person
4. 巴黎	Bālí	Paris
5. 巴黎第三大学	Bālí Dìsān Dàxué	The Third University of Paris
6. 北大	Běidà	Beijing University

词 语 例 解

一、请问

当向陌生人询问什么事情时，为了表示礼貌，很客气地先说声"请问"，然后提出问题。例如：

（1）请问，上北京大学怎么走？

（2）请问，从巴黎来的飞机几点到？

二、看样子您是巴黎人吧

"看样子"的意思是"根据目前的情况推断"。例如：

（1）已经十点了，看样子，他不会来了。

（2）看样子，今天要下雨。

三、您贵姓

"您贵姓？"是"您姓什么？"的客气问法，也说"贵姓？"

四、不怎么会说

"不怎么会说"在这里意思是"不太会说"，"怎么"在这里表示程度。例如：

（1）这种苹果样子好看，可不怎么好吃。

（2）我觉得说中文不怎么难，写汉字很难。

五、挺重要的

"挺"是"很"的意思，口语里常用。例如：

（1）他汉语学得挺快。

（2）昨天晚上的节目挺没意思的。

（3）安娜买的这件毛衣挺不错。

六、听不大懂

"不大"用在形容词的前边，表示程度浅，是"不很"的意

4

思。例如：

  （1）我们刚到这儿，还不大习惯。

  （2）这个问题，我还不大明白，请您再讲一遍。

  （3）这事我也不大清楚。

七、拿我学法语来说

  "拿……来说"这种格式口语常用，意思是"以……为例"、"比如……"。例如：

  （1）同学们进步都很明显。拿哈雷来说吧，刚来时听中文还不习惯，现在都能听懂中文广播了。

  （2）学中文并不太难，拿写汉字来说，只要记住它的结构特点，坚持天天写，就一定能掌握。

八、老学不好

  "老"在这里是副词，表示一种动作多次重复或同一动作持续的时间很久。有"总是"、"长久"的意思。例如：

  （1）我几次约他去看电影，他老说没空儿。

  （2）你老是睡得很晚，别把身体累坏了。

  （3）老住在城里，时间长了，也会觉得没意思的。

九、哪里，差得远呢

  当听到别人当面赞扬自己的时候，马上回答说"哪里"或"哪里，哪里，"意思是自己没象对方说的那么好，表示谦虚；有时表示认为事实并不如此，是客气话。例如：

  （1）A：您的表演真不错！

    B：哪里，还差得远呢。

  （2）A：对不起，影响您工作了。

    B：哪里，哪里，不要客气。

十、噢

"噢"是叹词，表示知道时读ō，表示领会、醒悟时读ò。
例如：

（1）噢（ō），原来是你呀！
（2）噢（ò），我懂了。

练 习

一、对话（初次交谈）

A：您从哪儿来？

B：意大利。

A：您怎么来的，坐飞机还是坐火车？

B：坐火车。

A：路上走了很长时间吧？

B：走了七、八天呢！您是这个学校的老师吗？

A：不是，我在这儿进修日语。您作什么工作？

B：我在意中友协当翻译。这次来中国想学两个月汉语，再到南方几个城市参观参观。我的话您能听懂吗？

A：能听懂。

B：过去我虽然学了一点儿中文，但说得不太好。这几天，我一个人不敢上街，怕别人听不懂我的话。

A：这是个好机会，您一定能学好。

B：谢谢。

二、完成下列对话

A：您贵姓？

B：我姓 _____ 。

A：您叫什么名字？

B：我叫_____。

A：认识您我很高兴。您做什么工作？

B：我是_____。您呢？

A：我也在大学_____中文。

B：您中文学多长时间了？

A：____年零____月。

B：那您中文说得挺流利呀！

A：哪里，_____。

三、用下面带重点的词模仿造句

A：你们来中国有什么打算？

B：我们打算先学一段时间中文，然后再到别的地方参观一下。

A：你中文说得挺流利的，看样子，你学的时间不短了吧？

B：快两年了。可是中国人说的话我还是听不大懂。要学得好一点儿，看样子还得多学几年。

补 充 生 词

1. 资料　　（名）zīliào　　material

2. 流利　　（形）liúlì　　fluent

3. 友协　　（名）yǒuxié　　friendship association

第二课　去　银　行

安　　娜：咱们手里的人民币可没多少了，得去换点儿钱，
　　　　　要不，没花的啦。

哈　　雷：好吧。那上哪儿去换呢？

安　　娜：去王府井，那儿的银行能换。

安　　娜：几点走？

哈　　雷：七点半怎么样？

安　　娜：不行。那正是上班的时候，公共汽车太挤。早点
　　　　　儿走，到城里吃早点。

哈　　雷：好，那就七点走。

　　　　　　　　（他们乘车到了王府井）

安　　娜：现在七点五十，先找个地方吃点儿什么吧。

　　　　　　　　（他们走进一家小吃店）

哈　　雷：（对服务员）同志，我要两杯咖啡。

安　　娜：（捅了哈雷一下）这儿是小吃店，不卖咖啡。

哈　　雷：对不起，你们都卖什么？

服务员：豆浆、馄饨、油饼、包子……

哈　　雷：我要两碗豆浆，三个油饼。

服务员：糖浆还是白浆？

哈　　雷：糖浆。一共多少钱？

服务员：三毛四。

　　　　　　　　（从小吃店出来，他们来到银行）

安　娜：同志，我要换人民币。

营业员：好。您带的什么外币？

安　娜：法国法郎。

营业员：您换多少？

安　娜：八百法郎。

营业员：请您把这张表填一下，写上您的姓名、国籍。下
　　　　边的兑换数字由我们填写。

安　娜：好。

营业员：今天的牌价是：一百个法郎兑换三十七元四角
　　　　二分人民币，八百法郎换二百九十九元三角六。
　　　　这是您的钱，请点一下。

安　娜：好，谢谢。

生　　词

1. 银行　　　（名）yínháng　　bank

2. 人民币　　（名）rénmínbì　　Chinese currency; Ren-
　　　　　　　　　　　　　　　minbi

3. 得　　　　（助动）děi　　have to; should

4. 要不　　　　　　yàobù　　otherwise

5. 花　　　　（动）huā　　to spend

6. 行　　　　（动）xíng　　all right; O.K.

7. 公共　　　（形）gōnggòng　　public

8. 挤　　　　（形）jǐ　　crowded

9. 早点	（名）	zǎodiǎn	morning snack; light breakfast
10. 乘（车）	（动）	chéng (chē)	to take (a bus)
11. 小吃店	（名）	xiǎochīdiàn	snack bar
12. 咖啡	（名）	kāfēi	coffee
13. 捅	（动）	tǒng	to poke; to nudge
14. 豆浆	（名）	dòujiāng	soybean milk
15. 馄饨	（名）	húntun	dumpling soup
16. 油饼	（名）	yóubǐngr	deep-fried dough cake
17. 包子	（名）	bāozi	steamed stuffed bun; steamed dumpling
18. 白	（形）	bái	pure; plain
19. 营业员	（名）	yíngyèyuán	clerk
20. 外币	（名）	wàibì	foreign currency
21. 法郎	（名）	fǎláng	franc
22. 填	（动）	tián	to fill in
23. 姓名	（名）	xìngmíng	surname and given name
24. 国籍	（名）	guójí	nationality
25. 牌价	（名）	páijià	list price; market quotation
26. 兑换	（动）	duìhuàn	to exchange
27. 点	（动）	diǎn	to count; to check over (money)

专　名

王府井　　　Wángfǔjǐng　name　of　a　place

词　语　例　解

一、得去换点儿钱

"得"在这里是助动词，表示"必须"、"应该"的意思。例如：

（1）要学好一种语言，就得下功夫。

（2）我们得快点走，电影要开演了。

二、要不，没花的

"要不"在这里的意思是"如果不这样"，它后面常引出一个表示结果的分句或做出另一种选择。例如：

（1）我们得早点儿出发，要不，公共汽车可挤了。

（2）吃了饭再写吧，要不就凉了。

（3）我看这件红的不错，要不，买件花的也行。

（4）你再等他会儿吧，要不就留个条了，让他回来去找你。

三、行

"行"在这里的意思是"可以"、"同意"，否定式是"不行"。例如：

（1）A：下午我们去看电影怎么样？

　　　B：行。

（2）A：借我这本字典用用，行吗？

　　　B：行，你拿去用吧。

（3）　您看这样写行不行？

　（4）　这种衣服得用汽油洗，用水洗怎么行？

　（5）　今天不行了，我有课，明天去吧。

四、吃点什么

"什么"在这里并不表示疑问，而是用来代表一种不确定的事物，一般只作宾语。例如：

　（1）　小王住院了，我想买点什么去看看他。

　（2）　以后生活上需要什么，你就跟我讲，别不好意思。

练　习

一、对话（重点练习"换"和"兑换"）

A：快点吧，银行要下班了。

B：忙什么！咱们换多少钱？

A：先换一千法郎怎么样？

B：一千法郎能兑换三千多元人民币，够花了。

A：你还换衣服吗？

B：不啦，换双鞋就行了。

A：那么，我们就走吧。

二、练习下列句型

　1.几点走？

　　五点半走。

　　十二点一刻走。

　　一会儿就走。

　　马上就走。

　　晚饭后走。

明天上午走。

下星期三午后三点走。

2. 您买什么？

买包子、馄饨。

买半斤包子、两碗馄饨。

3. 您要点什么？

要两杯咖啡。

要三碗馄饨。

4. 您换多少钱？

三千元人民币。

换一千英镑。

我兑换五万日元的人民币。

三、替换练习

A：现在几点？

B：现在两点一刻。

差一刻三点	五点三刻
四点半	六点二十五分
七点零五	差十分十二点

A：火车几点开？

B：十六点二十。

十点零六	五点一刻
十三点二十四分	零点四十六分

A：你是什么时候到的？

B：前天上午。

今天早晨	昨天中午
前天上午	大前天下午
上星期	上上星期

A：你什么时候走？

B：今天晚上走。

明天早晨	后天下午
大后天	下星期
下下星期	

A：你带的是什么外币？

B：我带的是美元。

日元	英镑	卢布
法国法郎		瑞士法郎
西德马克		加拿大元

补 充 生 词

1. 美元　　（名）měiyuán　　U.S. dollar

2. 日元　　（名）rìyuán　　　Japanese yen

3. 英镑　　（名）yīngbàng　　pound sterling

4. 卢布　　（名）lúbù　　　　rouble

14

5. 瑞士法郎　（名）Ruìshì fǎláng
Swiss franc

6. 西德马克　（名）Xīdé mǎkè　Deutsche mark

7. 加拿大元　（名）Jiānádà yuán
Canadian dollar

第三课 进 城

（111路电车上）

哈　雷：劳驾，去百货大楼在哪儿下车？

售票员：灯市西口。

哈　雷：还要倒车吗？

售票员：下车往南走不远就到了。要坐车的话，换104路
　　　　电车坐一站。

哈　雷：好。买两张到灯市西口的票。

售票员：哪儿上的？

哈　雷：前一站。

售票员：给您票。

乘　客：你们好！你们是哪国人？

哈　雷：法国人。

乘　客：中国话说得挺不错的。

哈　雷：哪里，哪里。小姐，请问和平宾馆离百货大楼远
　　　　吗？

安　娜：瞧你！这称呼人家早就不用了！

哈　雷：噢，实在对不起。请原谅。

乘　客：没关系，你们刚来嘛。和平宾馆离百货大楼不
　　　　远，就在金鱼胡同。

哈　雷：从百货大楼到和平宾馆怎么走？

16

乘　客：往北走，到十字路口再往东，就是金鱼胡同。

哈　雷：谢谢。

安　娜：我还想问一下：快车、区间是怎么回事儿？

乘　客：快车大站停，小站不停；区间车不走全程,只走
　　　　一段。

哈　雷：怪不得！有一回，我坐331路，车到清华就不走
　　　　了，这就是区间车吧？

安　娜：看来，碰到这种车先得问问。

哈　雷：末班车到几点？

乘　客：城里的车到十一点半，城外的车到十一点。要赶
　　　　不上末班车，就得叫出租汽车。

售票员：灯市西口到了，去百货大楼、东风市场的请下
　　　　车。

哈　雷：哟，咱们光顾说话，差点儿坐过了站。

乘　客：再见！

哈　雷：
安　娜：　再见！

生　　词

1. 电车　　　（名）diànchē　　　trolley bus; tram

2. 劳驾　　　　　láojià　　　　excuse me

3. 倒　　　　（动）dǎo　　　　to change

4. 售票员　　（名）shòupiàoyuán　conductor

5. 票　　　　（名）piào　　　　ticket

6. 乘客　　　（名）chéngkè　　　passenger

7. 小姐　　　（名）xiǎojiě　　　miss

8. 瞧　　　　（动）qiáo　　　　to look at

9. 称呼　　（名、动）chēnghu　form of address; to call; to address

10. 人家　　　（代）rénjia　　　they; others

11. 实在　　（副、形）shízài　　indeed; really

12. 十字路口　　　shízìlùkǒu　crossroads; junction

13. 快车　　　（名）kuàichē　　express bus

14. 区间车　　（名）qūjiānchē　a bus travelling only part of its normal route

15. 全程　　　（名）quánchéng　full length; complete service

16. 段　　　　（量）duàn　　　(a measure word)

17. 怪不得　　　　guàibude　　no wonder

18. 碰　　　　（动）pèng　　　to meet

19. 末班车　　（名）mòbānchē　last service of the daily buses

20. 出租汽车　　　chūzūqìchē　taxi

21. 光　　　　（副）guāng　　　only

22. 顾　　　　（动）gù　　　　to look about; to care for

23. 差点儿　　（副、形）chàdiǎnr nearly; almost

24. 过　　　　（动）guò　　　　to pass

专　　名

1. 百货大楼　　Bǎihuòdàlóu The Department Store

2. 灯市西口　　Dēngshìxīkǒu name of a place

3. 和平宾馆　　Hépíng Bīnguǎn
　　　　　　　　The Peace Hotel

4. 金鱼胡同　　Jīnyúhútong The Goldfish Lane

5. 清华　　　　Qīnghuá　　　name of a bus stop
　　　　　　　　　　　　　　（near Qinghua University）

6. 东风市场　　Dōngfēngshìchǎng
　　　　　　　　Dongfeng Market

词　语　例　解

一、劳驾

　　"劳驾"或"劳您驾"是客气话。当问别人一点儿事儿或请求别人给自己做点儿事情时，先说声"劳驾"，以表示对对方的尊重、有礼貌。请求让路时，也说"劳驾"。例如：

　　（1）劳驾，去颐和园怎么走？

　　（2）劳驾，把那本杂志递给我。

　　（3）劳驾，帮我把桌子抬一下。

　　（4）劳驾，请让让路。

二、这称呼人家早不用了

"人家"这个代词在不同的语言环境中所指的人也不同。有时指自己或某人以外的人,这时"人家"跟"别人"意思相似,本课就是这种用法。例如:

（1）人家能学会,我也能学会。

（2）人家都去看戏了,你怎么不去?

"人家"有时特指某人或某些人,例如:

（3）他的英文水平在全校是最好的,谁不佩服人家。

"人家"还用来指"我",往往带有亲热或俏皮的意味。例如:

（4）你说想看电影,人家把票买了,你又不去了!

三、怪不得

"怪不得"在这里表示明白了原因以后,对某种情况就不觉得奇怪了。例如:

（1）怪不得他法语说得这么好,原来他在巴黎住了八年!

（2）A：天气预报说今晚有雨。

　　　B：怪不得这么闷热!

四、要赶不上末班车

这里的"要"是"假如"、"如果"的意思,也说"要是",口语里常用。例如:

（1）你要见到小杨请告诉他,乒乓球比赛改在下星期三了。

（2）你要不喜欢爬山,就一块儿去北海划船。

（3）你要是看什么书,可以到图书馆去借。

（4）要不是下雨,我们早就来了。

五、光顾说话

这里"光"是"只"的意思，"顾"是"注意"的意思。例如：

(1) 他光顾看报纸了，连饭都忘了吃。

(2) 学习语言不能光顾一个方面，听、说、读、写都
要加强训练。

六、差点儿坐过了站

"差点儿"放在动词前，表示：

1.不希望实现的事情几乎实现而没实现，有庆幸的意思。例
如：

(1) 今天上班，我差点儿迟到了。

(2) 我的手表掉在地上，差点儿摔坏了。

2.希望实现的事情几乎不能实现而终于实现,有庆幸的意思。
例如：

(3) 昨天我去看他的时候，他刚要出门，差点儿没见
着。

(4) 这本字典，我今天差点儿没买着。

3.希望实现的事情几乎实现而终于没有实现,有惋惜的意思。
动词用肯定式，前面常有"就"。例如：

(5) 那本字典，我差点儿就买到了。

(6) 昨天我去看他的时候，他刚出去，差点儿就见着
他了。

练　　习

一、对话（问路）

1. A：劳驾，图书馆在哪儿？

B：往南，那座红楼就是。

2．A：请问，上北京大学怎么走？

B：坐331路汽车到中关村，下车后往西，走不远就到了。

3．A：同志，去前门在哪儿倒车？

B：在北太平庄倒22路汽车。

4．A：我打听一下，从友谊宾馆到北京饭店换几次车？

B：两次。

5．A：请问，张波老师住在什么地方？

B：他住×楼×门×号。

6．A：请问，这条街叫什么名字？

B：叫米市大街。

二、根据提示进行问话

1．要去火车站，不知怎么走。

2．要去西单，不知在哪儿倒车。

3．不知医院在哪儿。

4．打听张波老师的住址。

三、用表示歉意的词语完成对话

如用上"对不起"或"太对不起了"、"实在对不起"、"请原谅"、"请您原谅"、"抱歉得很"、"很抱歉"等。

1．A：你怎么管人家叫太太，这个称呼早就不用了。

B：＿＿＿＿＿＿＿＿，我刚来中国，不大清楚。

2．A：同志，公共汽车上不准吸烟。

B：＿＿＿＿＿＿＿＿，我忘记了。

3．A：哎哟，谁踩了我！

B：＿＿＿＿＿＿＿＿，是我不小心。

4．A：今晚请来我家坐坐。

B：我今晚有事，＿＿＿＿＿＿＿＿，不能去了。

5．A：你的汉英辞典借我用用好吗？

B：＿＿＿＿＿＿＿＿，让小王借走了。

第四课　在小卖部

哈　　雷：同志，买点儿桃儿。

营业员：要哪种的？

哈　　雷：水蜜桃。新鲜不？

营业员：新鲜。上午刚运来。

哈　　雷：来三斤。我还想买个西瓜，可是不会挑。

营业员：没关系，我帮您挑。想要多大的？

哈　　雷：六、七斤的吧。我要招待客人，买个生瓜就糟了。

营业员：放心吧，保险不会让您吃生瓜。

哈　　雷：这种瓜甜不甜？

营业员：这是早花西瓜，比别的瓜甜。

哈　　雷：请您称一下。

营业员：八斤半，怎么样？

哈　　雷：可以。

营业员：还要别的吗？

哈　　雷：再来四瓶啤酒。一共多少钱？

营业员：六元一角三分。您这是十元，找您三元八角七分。

　　　　　　　（哈雷又来到卖糖和点心的柜台前）

哈　　雷：我想买点儿点心。请问这南式点心跟北京糕点有什么不同？

营业员：北京糕点讲究酥、甜，南式点心除了甜的，还有
　　　　咸的。

哈　雷：那么，来半斤火腿月饼。

营业员：好。

哈　雷：哟，差点儿忘了！明天我朋友过生日，有生日蛋
　　　　糕吗？

营业员：有。

哈　雷：贵吗？

营业员：四元来钱。便宜的两元多钱。

哈　雷：要四元钱的吧。再要一斤柠檬糖。

营业员：对不起，柠檬糖刚卖完。

哈　雷：那就要薄荷糖吧。

生　词

1. 小卖部	（名）	xiǎomàibù	small shop attached to a school, factory, etc.
2. 桃	（名）	táo	peach
3. 水密桃	（名）	shuǐmìtáo	honey peach
4. 新鲜	（形）	xīnxiān	fresh; new
5. 运	（动）	yùn	to transport; to send
6. 来	（动）	lái	to have; to buy
7. 西瓜	（名）	xīguā	water melon
8. 挑	（动）	tiāo	to choose

24

9. 招待	（动）zhāodài	to entertain; to treat
10. 生	（形）shēng	raw; unripe
11. 糟	（形）zāo	bad
12. 保险	（动、形）bǎoxiǎn	to be sure; to be bound to
13. 甜	（形）tián	sweet
14. 称	（动）chēng	to weigh
15. 啤酒	（名）píjiǔ	beer
16. 找	（动）zhǎo	to give (change)
17. 糕点	（名）gāodiǎn	cakes; pastry
18. 柜台	（名）guìtái	counter
19. 讲究	（动）jiǎngjiu	to be particular about
20. 酥	（形）sū	crisp
21. 南式	（形）nánshì	of southern style
22. 点心	（名）diǎnxin	light refreshments
23. 咸	（形）xián	salty
24. 火腿	（名）huǒtuǐ	ham
25. 月饼	（名）yuèbing	moon cake
26. 哟	（叹）yō	(an interjection)
27. 生日	（名）shēngri	birthday
28. 蛋糕	（名）dàngāo	sponge cake
29. 贵	（形）guì	expensive

30. 便宜	（形）piányì	cheap
31. 柠檬	（名）níngméng	lemon
32. 薄荷	（名）bòhe	mint
33. 来	（助）lái	nearly; about

词 语 例 解

一、新鲜不

在口语中，选择式问句"新鲜不新鲜"有时可以省略后边重复的词。例如：

（1）今天大家去北海公园，你去不？

（2）老王，你喝咖啡不？

（3）这件衣服好看不？

二、来三斤吧

口语中，"来"常常代替意义更具体的动词，用的很广。例如：

（1）这种点心很好吃，我也来一斤。（来＝买）

（2）安娜可会唱歌了，请她来一个好不好？（来＝唱）

（3）A：你来点儿什么？

　　B：我来杯咖啡吧。　　　　（来＝要）

（4）敌人看文的不行，就来武的。（来＝用）

三、糟了

"糟"的意思是"不好"、"坏"，也说"糟糕"。例如：

（1）天阴得越来越重，咱们往回走吧，要是半路上下
　　　起雨来就糟了。

（2）真糟糕！我的车子坏了！

（3）这件事办得糟透了！

四、那么，来半斤火腿月饼

"那么"在这里是连词，表示顺着上文的语意，说出应有的结果，也说"那"。例如：

（1）A：能不能快点儿修好，我还等着用呢。

B：那么后天下午来取吧。

（2）既然你不喜欢看戏，那么咱们去看电影吧。

（3）大家都同意这么办，那就开始搞吧。

练　习

一、对话（买东西）

A：您买什么？

B：买瓶牙膏。这儿卖烟吗？

A：卖。您要什么烟？

B：来五盒"中华"。有茅台酒没有？

A：这儿没有。请到友谊商店买吧。

B：把那种钢笔拿给我看看。多少钱一枝？

A：八元。

B：价钱太贵了。有没有便宜点儿的？

A：这一种便宜，五元钱一枝。

B：就要这种的。请拿几枝让我挑挑。

二、选择适当的量词填空（量词：个、斤、条、盒、枝、袋、瓶、块）

五（　）桃　　　　　　　　三（　）酒

一（　）西瓜　　　　　　　十（　）铅笔

两（　）肥皂　　　　　　　半（　）水果糖

一（　）洗衣粉　　　　　　六（　）烟

三、读出下面的钱数（人民币）

例如：0.05元读五分，1.09元读一元零九分，5.25元读五元二角五分。

2.00元	11.20元	139.12元
0.37元	20.05元	728.35元
1.25元	52.87元	2200.00元
3.72元	79.13元	5902.53元

四、按下面表中给的数字回答问题

1. 您要什么？
2. 要多少？
3. 一斤多少钱？
4. 一共多少钱？

品　　名	单　　价	数　　量	金　　额
苹　　果	0.45 元	3 斤	1.35 元
西　　瓜	0.20 元	8.5 斤	1.70 元
香　　皂	0.42 元	2 块	0.84 元
蛋　　糕	1.18 元	1 斤	1.18 元
奶　　糖	2.20 元	半斤	1.10 元
笔　记　本	0.25 元	3 个	0.75 元
汽　　水	0.30 元	4 瓶	1.20 元
烟	0.72 元	5 盒	3.60 元

补 充 生 词

1. 面包　　　（名）miànbāo　　bread
2. 巧克力　　（名）qiǎokèlì　　chocolate
3. 奶糖　　　（名）nǎitáng　　toffee
4. 水果糖　　（名）shuǐguǒtáng　fruit drops
5. 酥糖　　　（名）sūtáng　　crunchy candy
6. 橘子　　　（名）júzi　　tangerine
7. 苹果　　　（名）píngguǒ　　apple

第五课 长城巧遇

安　　娜：好久没爬山了，一口气儿爬这么高，真够累的
　　　　　了。

哈　　雷：好，我们在这儿休息一会儿再爬。

安　　娜：嗬，这工程真大！蜿蜒起伏，象条巨龙。

哈　　雷：要不，人们怎么说它是世界奇迹呢？！

安　　娜：长城到底有多长？

哈　　雷：一万二千多里吧。

安　　娜：欸，那不是弗郎索瓦吗？

哈　　雷：是他！弗郎索瓦——

弗郎索瓦：是你们哪！

安　　娜：没想到，咱们在这儿碰上了！

哈　　雷：机会难得啊，照个相吧。

弗郎索瓦：你们来中国是——

安　　娜：我们是来进修汉语的。

弗郎索瓦：多长时间？

安　　娜：两个来月。你呢？

弗郎索瓦：我参加法国贸易代表团谈判来了。

安　　娜：顺利吗？

弗郎索瓦：相当顺利。协议已经签字了。

安　　娜：你来北京多长时间了？都去哪儿玩了？

弗郎索瓦：一个多月了。北京的名胜古迹差不多全看了，
　　　　　还去了东陵、承德的离宫和大同的云岗石窟。

安　　娜：东陵就是清陵吧。

哈　　雷：对，慈禧就葬在那儿。

安　　娜：看来，要去的地方还挺多呢！

哈　　雷：你住在哪儿？

弗郎索瓦：民族饭店。你们呢？

安　　娜：语言学院。欢迎你来玩儿。

弗郎索瓦：好，有空儿的时候一定去。

生　　词

1. 巧	（形）	qiǎo	unexpected; by chance
2. 遇	（动）	yù	to meet; to run into
3. 好	（副）	hǎo	quite; rather
4. 久	（形）	jiǔ	long
5. 一口气		yìkǒuqìr	in one breath
6. 嗬	（叹）	hē	(an interjection)
7. 工程	（名）	gōngchéng	project
8. 蜿蜒	（动）	wānyán	meandering; winding
9. 起伏	（动）	qǐfú	to rise and fall
10. 巨	（形）	jù	huge; colossal; gigantic
11. 龙	（名）	lóng	dragon

12.	奇迹	（名）qíjī	miracle
13.	到底	（副）dàodǐ	after all
14.	里	（量）lǐ	*li* (half a kilometre)
15.	欸	（叹）èi	(an interjection)
16.	哪	（助）na	(a modal particle)
17.	难得	（形）nándé	rare
18.	进修	（动）jìnxiū	to engage in advanced studies
19.	贸易	（名）màoyì	trade
20.	谈判	（动）tánpàn	to negotiate; to hold talks
21.	相当	（副）xiāngdāng	rather; fairly
22.	顺利	（形）shùnlì	smoothly; without a hitch
23.	协议	（名）xiéyì	agreement
24.	签字		qiānzì	to sign
25.	名胜	（名）míngshèng	scenic spot; a place famous for its scenery or historical relics
26.	古迹	（名）gǔjī	place of historical interest; historical sites
27.	离宫	（名）lígōng	imperial palace built outside the capital
28.	葬	（动）zàng	to bury
29.	有空儿		yǒukòngr	to be free; to have time

32

专　　名

1. 长城　　　　　Chángchéng　the Great Wall

2. 弗郎索瓦　　　Fúlángsuǒwǎ　name of a person

3. 承德　　　　　Chéngdé　　　name of a place

4. 大同　　　　　Dàtóng　　　　name of a place

5. 云岗石窟　　　Yúngǎng Shíkū

　　　　　　　　　　　　　　the Yungang Grottoes

6. 东陵　　　　　Dōnglíng　　　the East Tombs

7. 清　　　　　　Qīng　　　　　the Qing Dynasty

8. 慈禧　　　　　Cíxǐ　　　　　Empress Dowager Cixi

9. 民族饭店　　　Mínzú Fàndiàn

　　　　　　　　　　　　　　Hotel for Nationalities

词　语　例　解

一、好久没爬山

"好"在这里是副词，放在形容词前边，有"很"、"多么"的意思。例如：

　　（1）客人等了好长时间，他还是没回来。

　　（2）国内好多朋友来信，希望我们给他们介绍中国情况呢。

　　（3）好聪明的孩子，真可爱。

33

二、真够累的

"够"用在形容词前边，表示达到了某种程度。"够……的"用来表示强调，说明到了"相当……的"程度。例如：

（1）豆浆已经够甜了，您怎么还往里放糖？

（2）故宫可真够大的，转了半天还没看完。

（3）这些东西已经够多的了，再买就拿不了啦。

三、嗬，这工程真大

叹词"嗬"一般表示惊讶。例如：

（1）嗬，这公园真大！

（2）我到展览会一看，嗬，参观的人真多！至少有两、三千人。

（3）嗬，几年不见，这孩子长这么高，简直象个大人了！

四、欸

"欸"是叹词，表示招呼时读"ēi"。例如：

（1）欸，快走吧，电影要开演了。

（2）欸，小王，你到哪儿去？

表示惊奇或疑问时读"éi"。例如：

（3）欸，怎么就你一个人在家？

（4）欸，他到哪儿去了，怎么现在还不回来？

表示不以为然时读"ěi"。例如：

（5）欸，这话可不该说呀！

（6）欸，我买东西，哪能让你花钱？

表示答应或同意时读"èi"。例如：

（7）欸，我马上来。

（8）欸，就这么办吧。

五、看来，要去的地方还挺多呢

"看来"表示根据已有的情况，得出一种推断或结论。例如：

(1) 天又阴了，看来还要下雨。

(2) 三个月就做出这么多，看来到年底肯定能完成一万件。

(3) 他现在还没来，看来今天是不会来了。

练 习

一、对话（留地址）

1. A：你住在哪儿？

   B：我住在北京饭店。

2. A：你还住在十四楼吧？

   B：对，老地方。欢迎你常来玩。

3. A：你住在哪个房间？

   B：我住在九楼207房间。

4. A：你家住在哪儿？

   B：新街口外大街十五号。

二、朗读下面对话，注意程度副词的作用

A：哈雷，在哪儿照这么多照片？

B：在长城。你瞧瞧照得怎么样？

A：这一张不怎么好，那几张都比较好。游长城累不累？

B：好久没爬山了，相当累。

A：累是累点儿，但是很有意思，特别是冬天爬山。

B：是这样。这张是在山上照的。你瞧安娜高兴的那个样儿！

A：嗬，真漂亮！这张最好。

三、根据提示对话

1.见到一个教过自己的中国老师，问他工作和生活情况。

2.在城里遇到一个同学，问他进城做什么。

3.在商店里遇到一个朋友，问他买什么东西。

4.在公园遇到一个本国朋友，问他在北京参观的情况。

第六课　买　票

安　娜：明天晚上没事儿，咱们请杨帆看场戏怎么样？

哈　雷：好主意，快看看报纸。

（哈雷翻开《光明日报》）

安　娜：你呀，好糊涂！《光明日报》是不登这种广告的。看看《北京日报》吧，那上有。你瞧，中山公园露天剧场有杂技，民族宫是独唱音乐会，长安戏院表演木偶。

哈　雷：我看，还是京戏有意思。

安　娜：妙极了！人民剧场有京剧《白蛇传》，就看它吧。咱们现在就去买票，保险些。

哈　雷：好，那现在就走。

安　娜：人民剧场在哪儿？

哈　雷：走吧，到街上再问。

安　娜：你呀，要么不着急，急起来就火烧眉毛！

（两人走出宿舍，碰上尼可尔同学）

尼可尔：你们二位上哪儿？

安　娜：进城买戏票。

尼可尔：噢。二位，听说电影《小花》挺不错，我想求你们给我带两张票，好吗？

安　娜：看你说的，尼可尔让办的事能不办吗？

尼可尔：那就多谢了。

安　　娜：要什么时间的？

尼可尔：明天下午的，几点都行。谢谢了，再见。

（两人坐上331路汽车，安娜翻开《北京日报》）

安　　娜：有四家电影院演《小花》，咱们去哪家？

哈　　雷：新街口电影院离学校近，就在新街口下车吧。

（来到新街口电影院售票处排队）

哈　　雷：同志，买两张明天下午三点的票，要靠前一点儿
　　　　　的。

售票员：十排的怎么样？

哈　　雷：行。

安　　娜：我刚打听到，人民剧场离这儿不远，快走！

（来到人民剧场，排长队，与人聊起来）

安　　娜：同志，这个剧团演得怎么样？

买票人：棒着呢！团里有好几位名演员。

哈　　雷：本市有几家京剧团？

买票人：可不少。最有名的是中国京剧院和北京京剧院。
　　　　　每个院都有好几个团。欸，到你了，快买吧。

哈　　雷：买三张明天晚上的票。

售票员：有四角、六角、八角三种，要哪种？

哈　　雷：要八角的吧。

生　　词

1. 场　　　（量）chǎng　　　show (a measure word)

2. 戏　　　（名）xì　　　play; opera; performance

38

3. 主意	(名) zhǔyi	idea
4. 翻	(动) fān	to turn over; to look through
5. 糊涂	(形) hútu	confused; muddled
6. 登	(动) dēng	to publish; to advertise
7. 广告	(名) guǎnggào	advertisement
8. 露天剧场	lùtiān jùchǎng	open-air theatre
9. 杂技	(名) zájì	acrobatics
10. 独唱	(名) dúchàng	solo
11. 木偶	(名) mù'ǒu	puppet (show)
12. 京戏	(名) jīngxì	Beijing opera
13. 妙	(形) miào	wonderful
14. 街	(名) jiē	street
15. 要么	(连) yàome	(either . . .) or . . .
16. 火烧眉毛	huǒshāoméimao	terribly urgent
17. 求	(动) qiú	to request
18. 家	(量) jiā	(a measure word)
19. 电影院	(名) diànyǐngyuàn	cinema
20. 演	(动) yǎn	to show; to present; to put up

21. 售票处	（名） shòupiàochù	box office; ticket office
22. 排队	（动） páiduì	to queue up; to line up
23. 打听	（动） dǎting	to inquire
24. 聊	（动） liáo	to chat
25. 剧团	（名） jùtuán	theatrical company
26. 棒	（形） bàng	excellent
27. 名演员	（名） míngyǎnyuán	
		well-known actor (actress)

专　　名

1. 《光明日报》　《Guāngmíng Rìbào》
   Guangming Daily

2. 《北京日报》　《Běijīng Rìbào》
   Beijing Daily

3. 中山公园　　Zhōngshān Gōngyuán
   Dr. Sun Yat-sen Park;
   Zhongshan Park

4. 民族宫　　　Mínzúgōng　Cultural Palace for Nation-
   alities

5. 长安戏院　　Cháng'ān Xìyuàn
   Chang'an Theatre

6. 人民剧场　　Rénmín Jùchǎng

40

the People's Theatre

7 . 《白蛇传》　　　《Báishé Zhuàn》
　　　　　　　　A Story about a White
　　　　　　　　Snake

8 . 尼可尔　　　　Níkě'ěr　　name of a person

9 . 《小花》　　　《Xiǎohuā》　Little Flowers (title of a
　　　　　　　　film)

10 . 新街口　　　Xīnjiēkǒu　　name of a place

11 . 中国京剧院　　Zhōngguó Jīngjùyuàn
　　　　　　　　China Beijing Opera
　　　　　　　　Troupe

12 . 北京京剧院　Běijīng Jīngjùyuàn　The Capital Beijing Opera
　　　　　　　　Troupe

词 语 例 解

一、要么不着急

"要么"是连词，表示两种意愿或情况的选择。例如：

　　（1）要么我去你那儿，要么你来我这儿，反正你回国
　　　　以前，我们得聚会一次。

　　（2）你给他打个电话，要么写封信，让他早点儿作准
　　　　备。

二、听说

"听说"意思是从别人那里了解到，往往不需要说出消息的
准确来源。例如：

41

（1）听说你买了本字典，让我瞧瞧好不好？

（2）听说他到上海去了，到月底才能回来呢！

（3）听大家说你会好几种外语呢，真不简单！

三、看你说的

"看你说的"是一种口头语，当对方说话过于客气，自己认为不必如此时使用。例如：

（1）A：能不能把车子让我骑骑？

B：看你说的！这有什么能不能的，骑去吧。

（2）A：对不起，今天耽误了你不少时间。

B：看你说的！欢迎你常来。

四、棒着呢

"棒"在这里是形容词，口语中多用来形容（水平）高、（成绩）好、（能力）强等。例如：

（1）你的字写得真棒。

（2）这个小伙子的身体棒极了。

（3）我们班上，尼可尔的口语特别棒。

"着呢"放在形容词后边，表示肯定某种性质，略有夸张意味。例如：

（4）故宫里面可看的地方多着呢！我们参观了半天，也没看完。

（5）这种西瓜甜着呢！保险你越吃越想吃。

练 习

一、对话（买票）

A：欸，咱们去旅行社订两张到上海的火车票吧！

B：要硬座还是要卧铺？

A：当然要卧铺啦！

B：我看别买到上海。先到南京玩两天再买两张船票，坐船去。那多有意思啊！

A：带这么多东西，换船多麻烦！再说，时间也不够哇！

B：那干脆坐飞机好了。飞机票比软卧也贵不了多少。

A：也好，听你的。

二、对话（托人办事）

1.A：你要是进城，请给我带一本《英汉字典》来。

B：好的。

2.A：我的被子晒在楼下，下午要是回来晚了，请帮我收一下好吗？

B：你放心吧，没问题。

3.A：想请您帮我翻译点儿东西，不知您有没有时间？

B：拿来吧，我一定给翻出来。

4.A：你带的行李多不多？要是不多，我想请你给一个朋友带点儿东西。

B：行，行，没问题。

补　充　生　词

1. 旅行社　　（名）lǚxíngshè　　travel service

2. 火车票　　（名）huǒchēpiào　　train ticket

3. 硬座　　　（名）yìngzuò　　hard seats (on a train)

4. 卧铺　　　（名）wòpù　　sleeping berth

5. 船票	（名）	chuánpiào	steamer ticket
6. 干脆	（形）	gāncuì	clear-cut; simply
7. 飞机票	（名）	fēijīpiào	plane ticket
8. 软卧	（名）	ruǎnwò	soft berth

第七课 打 电 话

（安娜和哈雷准备上街）

哈　　雷：欸，差点儿忘了，我去打个电话。

安　　娜：一动身你就来事儿，老是磨磨蹭蹭的！

*　　　　*　　　　*

哈　　雷：（拨55.7661）汽车公司吗？要一辆小汽车。

汽车公司：什么时候用？

哈　　雷：下午六点。

汽车公司：你的详细地址……

哈　　雷：语言学院五楼112房间，我叫哈雷。

*　　　　*　　　　*

哈　　雷：（拨28.2471）喂，北京大学吗？

北　　大：对。你要哪儿？

哈　　雷：请转西语系。

　　　　　西语系吗？

西 语 系：对。你找谁？

哈　　雷：杨帆老师在吗？

西 语 系：他不在，你有事吗？

哈　　雷：我叫哈雷。请转告杨老师，今天晚上请他看
　　　　　京剧《白蛇传》。六点五十我在人民剧场门口
　　　　　等他。

西 语 系：好，一定转告。

哈　　雷：麻烦您了。

*　　*　　*

哈　　雷：喂，民族饭店吗？请接210房间。

弗郎索瓦：喂，谁呀？

哈　　雷：我是哈雷，你好啊！这几天可把我忙坏了，也没能去看你，明天就动身吗？

弗郎索瓦：对，明天早晨，票已经买好了。

哈　　雷：都到哪儿去啊？

弗郎索瓦：到郑州、洛阳、西安、重庆，然后由广州回国。

哈　　雷：那你能看到龙门石窟、半坡村遗址了。

弗郎索瓦：是啊！哈雷，琉璃厂你去过没有？那儿有文物商店、中国书店、古玩店、字画店，特别是荣宝斋，很有名气。

哈　　雷：有刻字的地方吗？

弗郎索瓦：有，好几家呢。

哈　　雷：太好了，我正想刻个图章。琉璃厂是在和平门外吗？

弗郎索瓦：对，就在那儿。

哈　　雷：你明天走，不能送你了，我还有课呢。

弗郎索瓦：那就巴黎见吧！

哈　　雷：祝你一路顺风！

生　　词

1. 动身　　　（动）dòngshēn　　to start; to set off

46

2. 磨蹭	（形）	móceng	to dawdle; to move slowly
3. 拨	（动）	bō	to dial
4. 公司	（名）	gōngsī	company
5. 详细	（形）	xiángxì	detailed
6. 喂	（叹）	wèi	hello
7. 转	（动）	zhuǎn	to switch to
8. 西语系		xīyǔxì	The Western Languages Department
9. 转告	（动）	zhuǎngào	to pass on (word); to convey
10. 麻烦	（形、动）	máfan	to trouble
11. 可	（副）	kě	indeed; really
12. 文物	（名）	wénwù	cultural relics
13. 古玩	（名）	gǔwán	antique
14. 字画	（名）	zìhuà	calligraphy and painting
15. 名气	（名）	míngqi	fame
16. 刻	（动）	kè	to carve; to engrave
17. 图章	（名）	túzhāng	seal; stamp
18. 一路顺风		yīlùshùnfēng	Safe journey

专　　名

1. 郑州　　　　Zhèngzhōu　name of a place

2. 洛阳　　　　Luòyáng　　name of a place

3. 西安　　　　Xī'ān　　　name of a place

4. 重庆　　　　Chóngqìng　name of a place

5. 广州　　　　Guǎngzhōu　name of a place

6. 龙门石窟　　Lóngmén Shíkū

　　　　　　　　　　　　the Longmen Grottoes

7. 半坡村遗址　Bànpōcūn Yízhǐ

　　　　　　　　　　　　the Prehistorical Ruins of
　　　　　　　　　　　　Banpo Village

8. 琉璃厂　　　Liúlíchǎng　name of a place (the
　　　　　　　　　　　　Glazier's Workshop)

9. 荣宝斋　　　Róngbǎozhāi

　　　　　　　　　　　　name of a shop

10. 和平门　　　Hépíngmén　the Peace Gate

词 语 例 解

一、麻烦您了

　　"麻烦"在这里是动词，是使人费事或增加负担的意思。当
别人帮自己办一件事的时候，为了表示感谢，常说"麻烦您了"、
"给您添麻烦了"等。例如：

48

（1）A：你带这么多东西，我帮你拿一件吧。

B：谢谢，麻烦您了。

（2）A：你要的那本书我给你送来了。

B：太感谢了，又给您添麻烦了。

（3）A：我想麻烦您给我找一本外文小说看看。

B：不必客气，你晚上来拿吧。

二、可把我忙坏了

"坏了"是表示身体或精神受到某种影响而达到不舒服的程度，有时只表示程度深。例如：

（1）这几天又是买车票，又是准备路上用的东西，可把我忙坏了。

（2）都一点了，还没吃上饭，可把我饿坏了。

（3）走了这么远的路，真把我累坏了。

（4）听到这个消息，可把他乐坏了。

三、祝你一路顺风

"祝你一路顺风"意思是"祝愿你在旅途中一切都顺利"，这是对即将远离的人们的良好祝愿。这一类的话还有：

祝你一帆风顺！

祝你旅途平安！

祝你旅途愉快！

练　习

一、对话（问电话号码）

1．A：你那儿有电话吗？

B：有。我的电话号码是：27.7531，转538。

2．A：你说得慢点儿，让我记一下。27.7531转538，对吗？

B：对。有事请给我打电话。

3. A：杨帆的电话怎么打？

B：先拨28.2471，然后让总机转西语系。

二、读下列电话号码

例如：66.2431读六六.二四三一（yāo）

27.7548	55.4006	89.2775
86.1070	28.5124	66.2038
26.5490	54.3281	55.7661

三、根据提示打电话

1. 给朋友打电话问北京大学的电话号码。

2. 打电话找法国留学生哈雷。

3. 给一个朋友打电话，托他给自己借一本英文小说。

4. 给汽车出租公司打电话，要一辆小汽车去北京站。

5. 给一个朋友打电话，约他星期天去长城。

补 充 生 词

1. 号码　　（名）hàomǎ　　number

2. 总机　　（名）zǒngjī　　telephone exchange

3. 约　　　（动）yuē　　make an appointment

第八课　在邮局

（安娜、哈雷走进邮局，哈雷去打长途电话，
　安娜向"邮票挂号"窗口走去）

安　　娜：同志，往外地寄信，该贴多少钱的邮票？
营业员：平信八分，航空一毛，挂号两毛。
安　　娜：往英国呢？
营业员：一般八角。
安　　娜：劳驾，您看这样写信封对吗？

| 上海复旦大学中文系法国留学生 |
| 克里斯托夫　　收 |
| 北京语言学院209信箱 |

本市地安门帽儿胡同三号

李　方同志　收

北京语言学院二〇九信箱

营业员：对。

安　娜：您看这封呢？

```
┌─────────────────────────────┐
│   英　国　　伦　敦            │
│      Mr.Harley              │
│  10, Wellford  Street       │
│       London                │
│       England               │
└─────────────────────────────┘
```

```
┌─────────────────────────────┐
│  哈　　　雷                   │
│  北京语言学院                 │
│   5楼112号                   │
│   Beijing                   │
│   China                     │
└─────────────────────────────┘
```

营业员：完全正确。

这封寄往巴黎的信超重，过二十克了，一共要贴一元八角的邮票。

安　娜：好，我再买十张一角、五张八分的邮票，另外还要两套新出的纪念邮票，一套明信片，三个信封。

（安娜又走向"报纸杂志"窗口）

安　娜：同志，订一份《北京晚报》、一份《光明日报》。

营业员：请填订阅单。

安　娜：这里卖杂志吗？

营业员：卖。

安　娜：有什么文艺杂志？

营业员：有《文艺报》、《人民文学》、《收获》、《十月》……

安　娜：我买七月号的《人民文学》。请问，能在这儿给外国订杂志吗？

营业员：我们这儿不办理，请到王府井外文书店去订吧。

安　娜：谢谢。

（安娜来找哈雷，他还在打电话）

安　娜：你怎么还没罗嗦完？

哈　雷：就完了。

（他们又来到打电报的窗口）

哈　雷：同志，我往伦敦发份电报。

营业员：这是电报稿纸，请填写电文。

哈　雷：一个字多少钱？

营业员：一元三角。

哈　雷：加急的呢？

营业员：加一倍。

哈　雷：要普通的吧。

营业员：你这一共二十一个字，二十七元三角。

（安娜、哈雷正要走，碰到了尼可尔）

安　娜：尼可尔，还没走？别耽误了看电影。

尼可尔：来得及，寄了包裹就走。

生　词

1. 长途　　（名）chángtú　　long distance
2. 挂号　　（动）guàhào　　register

3. 窗口	（名）	chuāngkǒu	window
4. 外地	（名）	wàidì	outside the city or village
5. 该	（助动）	gāi	ought to
6. 贴	（动）	tiē	to stick on
7. 平信	（名）	píngxìn	ordinary mail
8. 航空	（名）	hángkōng	air mail; by air
9. 一般	（形）	yìbān	general; usual
10. 超重	（动）	chāozhòng	to be overweight
11. 克	（量）	kè	gramme
12. 套	（量）	tào	set (a measure word)
13. 纪念	（名、动）	jìniàn	to commemorate; in memory of;
14. 美术	（名）	měishù	the fine arts; picture
15. 明信片	（名）	míngxìnpiàn	postcard
16. 报纸	（名）	bàozhǐ	newspaper
17. 杂志	（名）	zázhì	magazine
18. 订	（动）	dìng	to subscribe to (a newspaper, etc.)
19. 份	（量）	fèn	copy (a measure word)
20. 订阅单	（名）	dìngyuèdān	order form
21. 文艺	（名）	wényì	literature and art

54

22.	办理	（动）bànlǐ	to handle; to receive (orders)
23.	国际	（名）guójì	international
24.	罗嗦	（形、动）luōsuo	wordy
25.	发	（动）fā	to send
26.	电报	（名）diànbào	telegram
27.	稿纸	（名）gǎozhǐ	telegraph form
28.	电文	（名）diànwén	text of a telegram
29.	加急	jiājí	urgent
30.	普通	（形）pǔtōng	ordinary; common
31.	耽误	（动）dānwu	to delay
32.	来得及	láidejí	time's enough to do sth.
33.	包裹	（名）bāoguǒ	parcel

专　　　名

1. 《北京晚报》　　　《Běijīng Wǎnbào》
   Beijing Evening

2. 《文艺报》　　　《Wényì Bào》
   Literature and Art Commentary

3. 《人民文学》　　　《Rénmín Wénxué》
   People's Literature

4. 《收获》	《Shōuhuò》	*Harvest*
5. 《十月》	《Shíyuè》	*October*
6. 伦敦	Lúndūn	London

词 语 例 解

一、该贴多少钱的邮票

"该"在这里是"应该"、"应当"的意思，口语常用。例如：

（1）老师，这个字该怎么念？

（2）天不早了，我该走了。

（3）这件衣服破了，该买件新的了。

二、就完了

这里副词"就"放在动词前边，是表示"很快"、"马上"的意思，要重读。例如：

（1）请你等一下，我就来。

（2）你不要催了，我就走。

三、来得及

"来得及"表示估计有时间或赶得上做某事，否定式是"来不及"。如果由于时间不够没能做某事，多用"没来得及"。例如：

（1）七点钟戏才开始，写完这封信再走也来得及。

（2）我明天早上就动身，来不及看你了。

（3）由于时间太紧，那次没来得及去龙门石窟看看，至今还觉得非常遗憾。

56

一、选择适当量词填空（量词：套、张、打、封、本、份、件、个）

一（　　）信　　　　　　　一（　　）包裹

两（　　）信封　　　　　　一（　　）电报

五（　　）邮票　　　　　　四（　　）明信片

三（　　）邮票　　　　　　三（　　）信纸

二、完成对话

用上"来得及"或"来不及"、"没来得及"。

1．A：快走吧，要上课了！

　　B：没关系，_____。

2．A：昨天时间太紧，_____去看你们。

　　B：今天晚上来吧，我们等你。

3．A：差五分钟电影就要开演了。还来得及吗？

　　B：肯定_____，别去啦！

三、用表示感谢的词语完成对话

如用上"谢谢"或"非常感谢"、"谢谢您了"、"麻烦您"、

"给您添麻烦了"等。

1．A：小张，词典给你买到了。

　　B：

2．A：劳驾，北京大学离这儿还远吗？

　　B：不远了，往西一拐就到了。

　　A：

3．A：你要的报纸我给你带来了。

　　B：

4．A：您上街吗？劳驾，替我买两张票。

　　B：行。

A：

5．A：你要的这些东西，我给你从城里买来了。

　　B：

6．A：这篇稿子我给你翻译出来了。

　　B：

四、补充会话（集邮）

　　A：欸，你也搞集邮吗？

　　B：是啊，我从小就开始了。

　　A：你都收集什么邮票？

　　B：特种邮票和纪念邮票。

　　A：你看，这张怎么样？

　　B：不错，这张很珍贵。你买到最近发行的一套动物邮票了吗？非常漂亮！

　　A：买到了。欸，中国集邮公司在哪儿？

　　B：在东华门。

补 充 生 词

1．集邮　　（名、动）jíyóu　　stamp collecting

2．特种（邮票）　　tèzhǒng (yóupiào)

　　　　　　　　　　　　　　special (stamp)

3．发行　　（动）　　fāxíng　　issue

第九课　看　戏

赵　阳：昨天晚上来找你们，你们不在。

哈　雷：有事吗？

赵　阳：通知你们，明天上午八点在电影厅有个讲座，关于文字改革的。

安　娜：那太好了，我们很感兴趣。昨晚去看京剧了。

赵　阳：什么戏？有意思吗？

哈　雷：《白蛇传》。这是我们第一次看京剧。

安　娜：京剧唱腔很好听，就是唱词听不大懂。

赵　阳：大概意思能了解吧？

安　娜：买了份说明书，看了剧情介绍，才懂个大概。

赵　阳：演得怎么样？

安　娜：女主角演得很成功，无论唱腔、身段，都棒极了。

哈　雷：听说，她是全国数得着的演员呢！

安　娜：那个男演员就差一点儿，功夫还不够。

哈　雷：京剧的戏装很别致。

安　娜：大概中国古代服装都这样吧！

赵　阳：也不全是，有些是根据舞台表演设计的。

安　娜：我很喜欢那样的戏装，想买一件挂在家里，当艺术品欣赏。

哈　雷：京剧就是北京的地方戏吧？

赵　阳：也是也不是。它是在安徽、湖北一些地方戏的基础上发展起来的。

哈　雷：中国地方戏一定很多喽！

赵　阳：可不是，起码三、四百种。

哈　雷：这么多！

安　娜：昨天《白蛇传》怎么没有布景呢？

赵　阳：过去演传统戏都是这样。不用布景，道具也很简单，主要靠演员的各种动作来表现。这跟话剧和歌剧不一样。

哈　雷：看来你对京剧还挺内行的。

赵　阳：说不上内行，不过爱看就是了。

安　娜：你除了京剧，还喜欢什么？

赵　阳：还喜欢听相声。你呢？

安　娜：我不怎么喜欢听相声。我对歌舞有兴趣，尤其爱看芭蕾舞。北京也常演芭蕾舞吗？

赵　阳：经常演。前几天我还看了《天鹅湖》呢。

安　娜：上星期我们参加了一个文艺晚会，有独唱、合唱、器乐合奏、舞蹈，古今中外的节目都有。

哈　雷：一个国家，一个民族，都有自己的文化传统。那天晚会上演的几支中国民间乐曲，就很有特色。

赵　阳：中国也从外国艺术，比如音乐、舞蹈、美术、电影，学了不少东西。看来，中外文化交流，是很有必要的。

安　娜：今天东西方文化交流就更多了，这实在是个让人
　　　　高兴的事。

生　　词

1. 电影厅　　（名）diànyǐngtīng　cinematic hall

2. 讲座　　　（名）jiǎngzuò　　　lecture

3. 改革　　　（动）gǎigé　　　　to reform

4. 感兴趣　　　　　gǎn xìngqu　to be interested in

5. 唱腔　　　（名）chàngqiāng　music for voices in a Chinese opera

6. 好听　　　（形）hǎotīng　　　pleasant (to ears)

7. 唱词　　　（名）chàngcí　　　words of a ballad

8. 说明书　　（名）shuōmíngshū synopsis

9. 剧情　　　（名）jùqíng　　　　the plot of an opera

10. 主角儿　　（名）zhǔjuér　　　leading actor or actress

11. 身段　　　（名）shēnduàn　　posture (of an actress)

12. 数　　　　（动）shǔ　　　　　to count

13. 功夫　　　（名）gōngfu　　　skill

14. 戏装　　　（名）xìzhuāng　　costume

15. 舞台　　　（名）wǔtái　　　　stage

16. 设计　　　（动）shèjì　　　　to design

61

17. 当	（动）dàng	to take . . . as . . .
18. 艺术品	（名）yìshùpǐn	work of art
19. 欣赏	（动）xīnshǎng	to appreciate; to enjoy
20. 地方戏	（名）dìfāngxì	local opera
21. 喽	（助）lou	(a modal particle)
22. 起码	（副、形）qǐmǎ	at least
23. 布景	（名）bùjǐng	setting
24. 传统	（名）chuántǒng	tradition
25. 道具	（名）dàojù	property
26. 动作	（名）dòngzuò	movement
27. 话剧	（名）huàjù	modern drama; stage play
28. 歌剧	（名）gējù	opera
29. 内行	（形、名）nèiháng	adept; expert
30. 相声	（名）xiàngsheng	cross talk; comic dialogue
31. 尤其	（副）yóuqí	especially
32. 芭蕾舞	（名）bālěiwǔ	ballet
33. 器乐	（名）qìyuè	instrumental music
34. 合奏	（动）hézòu	instrumental ensemble
35. 舞蹈	（名）wǔdǎo	dance
36. 民间	（名）mínjiān	folk
37. 乐曲	（名）yuèqǔ	music

38. 特色	（名）tèsè	characteristic
39. 必要	（形）bìyào	necessary

专 名

1. 赵阳	Zhào Yáng	name of a person
2. 安徽	Ānhuī	name of a province
3. 湖北	Húběi	name of a proyince
4.《天鹅湖》	《Tiān'é Hú》	Swan Lake

词 语 例 解

一、我们很感兴趣

"感兴趣"的意思是"有兴趣"，否定式是"不感兴趣"。例如：

（1）我对中国画很感兴趣。

（2）他对医学并不感兴趣。

（3）对于写汉字，从前我根本不感兴趣，后来参加了几次节汰活动，才有了点儿兴趣。

二、就是唱词听不大懂

"就是"在这里表示"只有"、"仅仅"的意思。例如：

（1）北京的名胜古迹他都看了，就是没看十三陵。

（2）这所房子别的都挺好，就是窗户太小了。

三、全国数得着的演员

"数得着"表示在同类人或同类事物中是属于比较突出的或够上标准的。例如：

（1）他全是校数得着的好学生。

（2）这本小说在近几年的文学作品中是数得着的。

（3）全班那么多高水平的，哪数得着他呀？

四、说不上内行，不过爱看就是了

"说不上内行"意思是"不能说是内行"、"不能算是内行"。整个句子是说明达不到所说的那种程度或条件，只不过是另一种情况。例如：

（1）A：你的发音很准确。

B：说不上准确，不过比较注意就是了。

（2）A：看样子，你对中国历史很有研究。

B：说不上有研究，不过学了几年就是了。

练　　习

一、对话（夸奖和谦虚）

1．A：您汉语说得不错啦。

B：哪里，差得远呢！

2．A：你发音真好！

B：哪里，哪里，还不行。

3．A：您对京剧很有研究哇！

B：谈不上有研究，不过爱看就是了。

4．A：您乒乓球打得真棒！

B：您过奖了，比我棒的多着呢！

二、用表示褒贬的词语完成对话

如用上"很好"或"喜欢"、"有意思极了"、"有兴趣"、"不错"、"差一点儿"、"还可以"、"没意思"、"不怎么样"等。

1．A：昨晚京剧演得好吗？

B：

2．A：食堂的饭菜怎么样？

B：

3．A：这本小说有意思吗？

B：

4．A：他英语说得不错吧？

B：

5．A：你对看球赛有没有兴趣？

B：

6．A：你喜欢看芭蕾舞吗？

B：

三、补充会话（住旅馆）

A：您好！我们是法国人，汉语说得不太好。

B：没关系，慢点说，我听得懂。

A：有空房间吗？

B：有，您需要什么样的房间？

A：带洗澡间的双人房间。

B：这间您满意吗？

A：很满意。

B：你们打算住几天？

A：三天。

B：这是房间钥匙，电梯在那边。吃饭请到一层餐厅。

A：谢谢。这些衣服需要洗一下。

B：好。

补　充　生　词

1．乒乓球　　　（名）pīngpāngqiú　table tennis ball

2. 洗澡　　　（动）xǐzǎo　　　take a bath
3. 钥匙　　　（名）yàoshi　　　key
4. 电梯　　　（名）diàntī　　　lift
5. 餐厅　　　（名）cāntīng　　　dining room

第十课 买东西

（安娜、哈雷走进商场）

售货员：您想买点儿什么？

安　娜：我想看看衬衫。

售货员：要什么样的？

安　娜：有"牡丹"牌儿绣花绸衬衫吗？

售货员：有。这件大红色的怎么样？

安　娜：太艳了！有没有素一点儿的？

售货员：这种浅蓝色的呢？

安　娜：颜色不错。哈雷，你看我穿这个色儿的好吗？

哈　雷：不错，挺好看！

安　娜：那就要这种的吧。

售货员：您穿多大号的？

安　娜：来中国第一次买衣服，我也不知道穿多大号的。

售货员：你试试这件一百零八公分的，看合身不？

哈　雷：哎哟，太肥了！

售货员：试试这件看，九十八公分的。

哈　雷：这一件差不离儿，稍长了点儿。

售货员：再试试这一件。

哈　雷：这件长短、肥瘦都合适，挺好。

售货员：要这件吗？

安　娜：就要这件。多少钱？

售货员：二十七元。请拿这个条子到那边交款。

哈　雷：安娜，你去交钱，我去那边买双布鞋。

　　　　　（安娜交钱取了衣服，来找哈雷）

安　娜：买好了吗？

哈　雷：没有。试了两双，大的大，小的小，没有我穿的。

安　娜：真糟糕！那怎么办？

哈　雷：我看今天就别买了，等以后再说。

安　娜：我问问售货员，看皮凉鞋有合适的没有。（走到
　　　　柜台前）同志，有四十一号的皮凉鞋吗？

售货员：有。要什么颜色的？

安　娜：要咖啡色的。（接了皮凉鞋给哈雷）你试试看可脚
　　　　不？

哈　雷：不大不小，正合适。

　　　　　（他们买了鞋，又到工艺美术柜台。）

哈　雷：同志，一套景德镇茶具多少钱？

售货员：那要看哪一种喽。这种一个茶壶、一个托盘和四
　　　　个茶杯，一套四十五元。

安　娜：瓷器不好带，不如买点儿别的工艺品。看看刺绣
　　　　吧。

哈　雷：绣着熊猫的那幅是哪儿出的，同志？

售货员：这是苏绣。

安　娜：瞧那绣得多象，跟真的一样！

哈　雷：这边还有杭州织锦，织的山水也挺漂亮，一样买
　　　　一幅吧。

安　娜：好，一样一幅。

哈　雷：安娜，你不是买扇子吗？那边有檀香扇。

安　娜：噢，真漂亮!

哈　雷：干脆多买它几把，带回去送朋友，准受欢迎。

（买完工艺品，他们来到新华书店）

哈　雷：同志，请给我一本《鲁迅小说集》。

营业员：精装的还是平装的？

哈　雷：精装的。

营业员：还要别的吗？

安　娜：还要一本《老舍剧作选》。

营业员：真不巧，刚卖完。

安　娜：我很需要这本书，能不能想点儿办法？

营业员：那我打电话问一下别的书店，看还有没有。（打
　　　　完电话回来）西四新华书店还有，请您到那儿去
　　　　买吧。

安　娜：谢谢您。

生　　词

1. 衬衫	（名）	chènshān	shirt; blouse
2. 牡丹	（名）	mǔdān	peony
3. 牌儿	（名）	páir	brand
4. 绣	（动）	xiù	to embroider
5. 绸	（名）	chóu	silk fabric
6. 大红色	（名）	dàhóngsè	bright red

7. 艳	（形）	yàn	colourful; gaudy
8. 素	（形）	sù	plain
9. 浅蓝色	（名）	qiǎnlánsè	light blue
10. 颜色	（名）	yánsè	colour
11. 色儿	（名）	shǎir	colour
12. 试	（动）	shì	to try on; to have a try
13. 公分	（量）	gōngfēn	centimetre
14. 合身		héshēn	to fit
15. 哎哟	（叹）	āiyo	(an interjection)
16. 肥	（形）	féi	loose
17. 差不离儿		chàbulír	just about right; not far off
18. 稍	（副）	shāo	slightly
19. 瘦	（形）	shòu	tight; thin
20. 交	（动）	jiāo	to pay; to hand in
21. 款	（名）	kuǎn	a sum (of money)
22. 槽糕	（形）	zāogāo	terrible; too bad
23. 皮	（名）	pí	leather
24. 凉鞋	（名）	liángxié	sandals
25. 可脚		kějiǎo	fit nicely (of shoes)
26. 工艺美术		gōngyì měishù	arts and crafts

27. 茶具	（名）	chájù	tea set
28. 茶壶	（名）	cháhú	tea pot
29. 托盘	（名）	tuōpán	tray
30. 茶杯	（名）	chábēi	tea cup
31. 瓷器	（名）	cíqì	porcelain
32. 工艺品	（名）	gōngyìpǐn	handicraft article
33. 刺绣	（名、动）	cìxiù	to embroider; embroidery
34. 熊猫	（名）	xióngmāo	panda
35. 幅	（量）	fú	(a measure word)
36. 苏绣	（名）	sūxiù	Suzhou embroidery
37. 象	（动）	xiàng	to resemble
38. 织锦	（名）	zhījǐn	brocade; picture-weaving in silk
39. 扇子	（名）	shànzi	fan
40. 檀香扇	（名）	tánxiāngshàn	sandal wood fan
41. 干脆	（副、形）	gāncuì	just; simply
42. 准	（副）	zhǔn	surely; definitely
43. 精装	（名）	jīngzhuāng	hard-cover, clothbound
44. 平装	（名）	píngzhuāng	paperback

专 名

1. 景德镇	Jǐngdézhèn	name of a place

2. 杭州	Hángzhōu	name of a place
3.《鲁迅小说集》	《Lǔxùn Xiǎoshuō Jí》	Collected Stories by Lu Xun
4.《老舍剧作选》	《Lǎoshè Jùzuò Xuǎn》	Selected Plays by Lao She
5. 西四	Xīsì	name of a place

词 语 例 解

一、这一件差不离儿

"差不离儿"意思是"差不多"。

例如：

     （1）A：这个电影你觉得怎么样？

          B：差不离儿，故事比较吸引人，就是有两个演员演得不大自然。

     （2）学校里的人差不离儿都认识他。

二、可脚

"可"在这里是"适合"的意思。"可脚"是适合脚的大小。类似的还有"可口"（食物适合人的口味）、可心（指对某件事心里很满意）。例如：

     （1）这双鞋太小了，我穿着不可脚。

     （2）这个饭店我来吃过几次，饭菜都很可口。

（3）刚买的这件衣服式样很美观，真可心。

三、干脆多买它几把

"干脆"在这里是副词作状语，"索性"的意思。表示在某种情况下，下决心做某件事。例如：

（1）天已经这么晚了，干脆明天再去吧。

（2）这篇文章只差两段了，我干脆写完了再睡，你先休息去吧。

四、准受欢迎

"准"在这里是副词，"一定"的意思，用来作状语。例如：

（1）他听到这个消息，准高兴。

（2）他现在还不来，准是有什么事儿。

五、真不巧

形容词"巧"有时表示机会正合适，"不巧"是它的否定式。例如：

（1）你来得真巧，我正有个事想找你商量一下呢。

（2）A：尼可尔在吗？

B：真不巧，她到邮局寄个包裹，刚出去。

（3）我们计划明天去承德，不巧哈雷病了，只好推迟了。

练　习

一、完成对话，用上括号里的适当词语

1.A：这条裤子怎么样？

B：这条裤子_____。（肥、瘦、长、短、可身、正好）

2.A：这双鞋你试试。

　　B：这双鞋_____。（大、小、肥、瘦、合适、可脚）

3.A：这条头巾的颜色你喜欢吗？

　　B：这条头巾_____。（深、浅、可心）

4.A：买这把扇子好吗？

　　B：这把扇子_____。（贵、贱、便宜、可以）

5.A：这把雨伞质量怎么样？

　　B：这把雨伞_____。（好、不好、差、结实）

6.A：这件上衣好看吗？

　　B：这件上衣_____。（美观、大方、时髦）

二、选择适当量词填空（量词：件、副、双、条、本、把、顶）

两（　）衬衣　　　一（　）裤子　　　三（　）帽子

一（　）鞋　　　　三（　）领带　　　一（　）裙子

五（　）围巾　　　一（　）袜子　　　一（　）手套

一（　）大衣　　　一（　）雨伞　　　两（　）雨衣

一（　）扇子　　　五（　）书　　　　一（　）工艺品

三、用表示程度的副词回答问题

　　如用上"太"或"真"、"非常"、"很"、"最"、"挺"、"极"

等。

1．今天的天气怎么样？

2．这套茶具怎么样？

3．这幅画怎么样？

4．这件衣服你怎么不喜欢？

5．你喜欢这本小说吗？

6．他汉语说得怎么样？

7．你喜欢这张邮票吗？

8．你喜欢这部电影吗？

补 充 生 词

1. 时髦　　（形）shímáo　　fashionable
2. 领带　　（名）lǐngdài　　tie
3. 裙子　　（名）qúnzi　　skirt
4. 围巾　　（名）wéijīn　　scarf
5. 袜子　　（名）wàzi　　socks
6. 手套　　（名）shǒutào　　gloves
7. 雨伞　　（名）yǔsǎn　　umbrella
8. 雨衣　　（名）yǔyī　　raincoat

第十一课 作 客

（星期天，安娜和哈雷去看望张大海）
（敲门声）

李　秀：请进!

哈　雷：您这儿是张老师家吧?

李　秀：对，里边坐。

　　　　老张，来客人了!

张大海：哎呀，安娜、哈雷! 什么风把你们吹来的!

安　娜：来两个星期了，今天才来看你们，不会见怪吧?

张大海：看你说到哪儿去了! 你们来了我就高兴。让我来介绍一下：这就是我常说的法国朋友安娜和哈雷；她是我爱人李秀。

李　秀：快坐吧，我去沏茶。

张大海：请吸烟。

哈　雷：我已经戒烟了。

张大海：你不是吸得挺凶的吗?

安　娜：他还真有点决心。

张大海：两年没见，你们都好吧? 小丽娜怎么样?

安　娜：还好。瞧，这是她的照片。

张大海：嗬，小姑娘越长越漂亮了。

李　秀：你们来中国，孩子放在哪儿啦?

哈　雷：放在奶奶那儿。

安　娜：小石头呢？

张大海：他呀，淘气着呢，一到星期天就不着家，吃饭都不回来。

李　秀：中午你们在这儿吃饭。

哈　雷：好吧，简单点儿，别太麻烦了。

安　娜：我能帮您做点儿什么吗？

李　秀：不用了，你们聊吧。

哈　雷：你还教现代文学吗？

张大海：是啊，还兼一点儿写作课。你们这次来有什么打算？

安　娜：先在语言学院学一个半月，再到外地转转。

张大海：北京总得逛逛吧？

安　娜：已经去过不少地方了。

哈　雷：不过都是走马观花，看得不仔细，象故宫还得再去一次。

（李秀摆好饭菜）

李　秀：请吧，都是家常便饭，不必客气。

张大海：我爱人做菜还是有两下子的。

李　秀：别老王卖瓜自卖自夸了。

安　娜：好，味道真不错。

李　秀：这辣子肉丁是不是太辣了？

哈　雷：辣点儿好，开胃。

李　秀：我们四川，还有湖南、湖北都喜欢吃辣的。

哈　雷：你们南方人，还喜欢吃甜的呢。

李　秀：是这样。在山西，人们离不开醋；山东呢，喜欢生吃大葱。

张大海：你们法国各地的习惯也不大相同啊。

安　娜：可不是嘛，一个地方一个样。

张大海：来，尝尝糖醋鱼，这是我爱人的拿手菜。

安　娜：老张，你在家干活吗？

张大海：我呀，里里外外一把手。

李　秀：甭听他吹，除了看书，什么也不会干。

（小石头推门进来）

安　娜：小家伙儿，我认识你，你叫小石头。

小石头：我也认识您。

安　娜：那我叫什么？

小石头：您叫外国阿姨。

众：哈哈……

生　　词

1. 看望	（动）	kànwang	to visit; to call on
2. 敲	（动）	qiāo	to knock at
3. 吹	（动）	chuī	to blow
4. 见怪	（动）	jiànguài	to mind; to take offence
5. 沏茶		qī chá	to make (tea)
6. 戒	（动）	jiè	to give up
7. 凶	（形）	xiōng	heavily
8. 奶奶	（名）	nǎinai	grandma

78

9. 淘气	(形、动)	táoqì	naughty
10. 着	(动)	zháo	to remain (at home)
11. 现代	(名)	xiàndài	modern
12. 兼	(动)	jiān	to hold more than one job concurrently
13. 写作	(名)	xiězuò	to write
14. 转	(动)	zhuàn	to go round
15. 逛	(动)	guàng	to stroll; to visit
16. 走马观花		zǒumǎguānhuā	to gain a superficial understanding through cursory observation
17. 仔细	(形)	zǐxì	careful
18. 家常便饭		jiāchángbiànfàn	homely food
19. 有两下子		yǒuliǎngxiàzi	to have a trick or two; skilled
20. 味道	(名)	wèidao	taste
21. 辣子	(名)	làzi	hot pepper
22. 肉丁	(名)	ròudīng	diced meat
23. 辣	(形)	là	peppery; hot
24. 开胃		kāiwèi	to whet the appetite
25. 醋	(名)	cù	vinegar

26.	大葱	（名）	dàcōng	green Chinese onion
27.	习惯	（名、动）	xíguàn	habit; be accustomed to
28.	尝	（动）	cháng	to taste
29.	拿手	（形）	náshǒu	adept; good at
30.	甭	（副）	béng	not
31.	小家伙儿	（名）	xiǎojiāhuor	little one; kid
32.	阿姨	（名）	āyí	aunt

专　　名

1.	张大海	Zhāng Dàhǎi	name of a person
2.	李秀	Lǐ Xiù	name of a person
3.	丽娜	Lìnà	name of a person
4.	石头	Shítou	name of a person
5.	四川	Sìchuān	name of a province
6.	湖南	Húnán	name of a province
7.	山西	Shānxī	name of a province
8.	山东	Shāndōng	name of a province

词　语　例　解

一、你不会见怪吧

　　"见怪"是责备、怪罪的意思。口语里常说"不要见怪"，意思是请对方原谅、谅解。例如：

（1）这儿的条件不太好，委屈你们了，请不要见怪。

（2）这孩子不懂事儿，请不要见怪。

二、整天不着家

"着"在这里是动词，表示接触、挨上。"不着家"意思是"经常不在家"。例如：

（1）他说的话简直不着边。

（2）我脚不着地地跑了半天，也没找到他。

三、再到外地转转、北京总得逛逛

"转"和"逛"都是动词，有"走一走"、"游玩"、"散步"、"闲逛"的意思。例如：

（1）他到中国以后，转了不少地方。

（2）昨天我们到王府井逛了一圈。

（3）他晚饭后总要在校园里转一会儿。

四、我爱人做菜还是有两下子的

"有两下子"指在某一方面有独到的技术或才能。例如：

（1）张医生在治疗眼病方面很有两下子。

（2）人家是搞翻译多年的专家，还能没两下子？

（3）李师傅这两下子，你再学三年也赶不上。

五、拿手菜

"拿手"是形容词，一般指擅长做某一种东西或事情。例如：

（1）她唱京剧很有名，《白蛇传》是她的拿手戏。

（2）这位师傅做火腿月饼最拿手。

（3）李老师写作、口语都教过，但拿手的还是讲现代文学。

六、甭听他的

"甭"是"不用"的合音，意思是"别"、"不用"，口语里常说。例如：

（1）请回吧，甭送了。

（2）甭着急，他一会儿就到。

练　习

一、对话（见面问候）

A：早上好。

B：您早。

A：您上班哪?

B：上班，您去哪儿?

A：进城办点儿事。

B：近来工作忙吗?

A：还可以。家里人都好吧?

B：都好。您母亲身体怎么样了?

A：还是老样子。

B：我一直想去看看她，老是没时间。

A：谢谢。有空儿来玩吧。

B：好。再见。

二、根据提示进行互致问候性对话

1．两个不相识的人在公共汽车上初次相遇。

2．两个老朋友在路上相遇。

3．到医院看望病人。

三、熟读下列表示请求的句子

1．请问，电影什么时候开演?

2．服务员同志，请给我叫一辆汽车。

3．请给我接大使馆的电话。

4．劳驾，请让我过去。

5．请把门开开。

6．请给翻译一下。

7．请给解释一下。

8．请讲详细一点儿。

9．请您讲慢一点儿，我听不清楚。

10．请问，戏院今天演什么戏？

11．请允许我代表英国留学生说几句话。

补 充 生 词

1．盐　　　　（名）yán　　　　salt

2．酱油　　　（名）jiàngyóu　　soy sauce

3．果酱　　　（名）guǒjiàng　　jam

4．米饭　　　（名）mǐfàn　　　(cooked) rice

5．面条　　　（名）miàntiáor　　noodles

6．饺子　　　（名）jiǎozi　　　dumplings

7．胡椒面　　（名）hújiāomiànr　pepper

8．蒜　　　　（名）suàn　　　garlic

9．汤　　　　（名）tāng　　　soup

10．牛奶　　　（名）niúnǎi　　　milk

第十二课　逛　北　京

安　　娜：骑车去天安门，哪条路好走？

哈　　雷：我看，最好不走新街口、西单。近倒是近，可人多车多，碰上红灯，半天过不去，反倒更慢。

安　　娜：我也这么想。找条方便点儿的，一路上能多看看。

哈　　雷：咱们从学校出发，往西奔中关村怎么样？

安　　娜：中关村就是去颐和园换车的那个地方吧？

哈　　雷：对。去天安门就从中关村一直往南骑，到首都体育馆往东拐……

安　　娜：走。

安　　娜：欸，这儿有个公园，进去看看吧。

哈　　雷：这是紫竹院。算了吧，北京有中山公园、北海、天坛、地坛、日坛、月坛许多公园呢，够你逛的啦！

安　　娜：嘿，天和地，日和月还都是对着的。

哈　　雷：这跟北京古城的布局很有关系。北京古城差不多是个正方形，故宫是中心，主要街道都是东西、南北走向，笔直笔直的。整个布局很讲究对称，有天安门就有地安门，有东单就有西单，天坛和地坛对着，日坛跟月坛对着……

84

安　娜：这大概是中国古代京城的特点，跟西方可不一样。

哈　雷：据说西安、洛阳也是这样。

安　娜：天气好热啊，一点儿风也没有。

哈　雷：恐怕有三十多度。

安　娜：比巴黎可热多了。找个地方凉快凉快吧。

（向一过路人打听）

安　娜：请问，附近有冷饮店吗？

路　人：前边商场附近有。

（进冷饮店）

哈　雷：同志，有可口可乐吗？

营业员：没有可口可乐，我们这儿有崂山可乐。

哈　雷：来两瓶，再来半斤蛋卷儿。

（休息过后，重新上路）

安　娜：桥那边是军事博物馆吗？

哈　雷：对。北京在1959年搞了一些建筑，象军事博物馆、人民大会堂、历史博物馆都值得参观参观。

安　娜：你瞧，民族文化宫的建筑很有特色。

哈　雷：听说这里的清真餐厅经营抓、烤、涮食品，有独特风味。我们回来时，到这儿美餐一顿怎么样？

安　娜：好的，只怕太晚了吧。

哈　雷：不晚，九点才关门呢。

（来到天安门广场）

安　娜：这广场可真大啊，中间是人民英雄纪念碑，左边博物馆，右边大会堂，很有气魄。

哈　雷：这都是中国解放以后建的。听说以前的广场很小,周围都是些破房子。现在比原来扩大了两三倍呢！

安　娜：这么大的广场，在世界上也是少见的。

哈　雷：天安门广场世界闻名，象"五四运动"、"一二·九"运动,都是在这儿发生的；新中国的开国大典，也是在这儿举行的。

生　　　词

1. 骑	（动）	qí	to ride
2. 倒	（副）	dào	although
3. 反倒	（副）	fǎndào	on the contrary
4. 方便	（形）	fāngbiàn	convenient
5. 奔	（动）	bèn	to go to
6. 拐	（动）	guǎi	to turn
7. 嘿	（叹）	hēi	(an interjection)
8. 布局	（名）	bùjú	overall arrangement; layout
9. 正方形	（名）	zhèngfāngxíng	square
10. 街道	（名）	jiēdào	street; road
11. 走向	（名）	zǒuxiàng	alignment; run; trend

12.	笔直	（形）bǐzhí	perfectly straight
13.	对称	（形）duìchèn	symmetric
14.	京城	（名）jīngchéng	the capital (of a country)
15.	据说	jùshuō	It is said that ...
16.	凉快	（动、形）liángkuai	cool
17.	附近	（名）fùjìn	nearby
18.	冷饮店	（名）lěngyǐndiàn	bar (where cold drinks are served)
19.	可口可乐	（名）kěkǒukělè	coca-cola
20.	崂山可乐	（名）láoshānkělè	Laoshan cola
21.	蛋卷儿	（名）dànjuǎnr	egg rolls
22.	重新	（副）chóngxīn	again; re-
23.	搞	（动）gǎo	to make; to build
24.	建筑	（名）jiànzhù	building
25.	值得	（动）zhíde	to be worthy of
26.	清真餐厅	qīngzhēn cāntīng	Muslims' restaurant
27.	经营	（动）jīngyíng	to prepare and serve
28.	抓、烤、涮食品	zhuā kǎo shuàn shípǐn	finger food, roasted and instant boiled meat dishes
29.	独特	（形）dútè	special

30.	美餐	（名） měicān	to enjoy a good meal; to make a hearty meal
31.	顿	（量） dùn	(a measure word)
32.	气魄	（名） qìpò	magnificence
33.	周围	（名） zhōuwéi	surroundings
34.	扩大	（动） kuòdà	to enlarge; to expand
35.	闻名	（形） wénmíng	famous
36.	开国大典	kāiguó dàdiǎn	the ceremony of the founding (of the People's Republic of China)
37.	举行	（动） jǔxíng	to hold

专　　名

1.	中关村	Zhōngguāncūn	name of a place
2.	首都体育馆	Shǒudū Tǐyùguǎn	the Capital Gymnasium
3.	紫竹院	Zǐzhúyuàn	the Purple Bamboo Park
4.	北海	Běihǎi	the Beihai Park
5.	天坛	Tiāntán	the Temple of Heaven
6.	地坛	Dìtán	The Temple of Earth
7.	日坛	Rìtán	the Temple of Sun

8. 月坛	Yuètán	the Temple of Moon
9. 东单	Dōngdān	name of a place
10. 西单	Xīdān	name of a place
11. 人民大会堂	Rénmín Dàhuìtáng	
		the Great Hall of the People
12. 历史博物馆	Lìshǐ Bówùguǎn	
		Museum of Chinese History
13. 军事博物馆	Jūnshì Bówùguǎn	
		Military Museum
14. 人民英雄纪念碑		
	Rénmín Yīngxióng Jìniànbēi	
		Monument to the People's Heroes
15. "五四" 运动	Wǔ-Sì Yùndòng	
		the "May 4th" Movement (1919)
16. "一二·九" 运动		
	Yī'èr-Jiǔ Yùndòng	
		"December 9th" Movement (1935)

词 语 例 解

一、近倒是近

"倒" 在这里表示语气上的让步。例如：

（1）这个人我见倒是见过，但没说过话。

（2）他住的房子大倒不大，但质量很好。

二、奔中关村

"奔"在这里是动词，意思是"向目的地走去"。例如：

（1）我们从中关村往南，直奔首都体育馆。

（2）他顺着大路奔火车站了。

三、算了吧

"算了"用来表示自已取消某一念头或劝别人取消某种计划或行动。例如：

（1）算了，我不去了，今天有点儿不舒服。

（2）算了，算了，你们谁也别吵了。

（3）翻译那本书的事我看算了吧，因为实在没时间。

四、搞了一些建筑

"搞"的基本意思是做、干、办、弄，用的很广，很多动词都可以用"搞"来代替。例如：

（1）他搞教育工作已经三十多年了。

（2）这个食堂搞得挺好。

（3）你现在搞什么呢？

（4）我搞到几张电影票，你要不要？

练　　　习

一、对话（谈论天气）

1. A：热得真要命！找个地方凉快一下吧。

B：那好，去喝点儿冷饮吧。

2. A：屋里又闷又热，简直象个蒸笼！

B：干脆去游泳吧。

3.A：今天天气挺好，不冷不热，真舒服！

B：我们出去散散步吧。

4.A：北方的冬天可太冷了！

B：听说昆明的气候不错，一年四季都象春天一样。

5.A：昨天的风真大呀！

B：雨下得也够凶的，一会儿工夫地上的水就有半尺多深！

二、补充会话（游故宫）

A：星期天你到哪儿去了？

B：我跟两个朋友进城了。

A：骑车还是坐车？

B：坐车。

A：你们都去哪儿逛了？

B：我们先去参观故宫。地方真大，转了半天也没看完。中间有几座大殿又高又大，全是红墙黄瓦，真有气魄！

A：那块云龙雕石你们看了吗？

B：看了，听说有二十多万公斤重。那个时候儿，一没汽车，二没机器，那么重的东西怎么运来的呢？

A：真是个谜！

B：故宫展出的珍宝、瓷器和绘画，都是无价之宝。看的人真多！我们后来又去北海照了几张相，玩儿了一整天。

补 充 生 词

1. 闷   （形）mēn   suffocating

2. 蒸笼　　　（名）zhēnglóng　food steamer (usu. made
　　　　　　　　　　　　　　　of bamboo)

3. 散步　　　（动）sànbù　　　take a walk

4. 工夫　　　（名）gōngfu　　　time

5. 殿　　　　（名）diàn　　　　palace; hall

6. 瓦　　　　（名）wǎ　　　　　tile

7. 云龙雕石　（名）yún lóng diāoshí
　　　　　　　　　　　　　　　a stone carved with cloud
　　　　　　　　　　　　　　　and dragon

8. 谜　　　　（名）mí　　　　　riddle

9. 珍宝　　　（名）zhēnbǎo　　jewellery; treasure

10. 绘画　　　（名）huìhuà　　　drawing; painting

11. 无价之宝　　　wújiàzhībǎo　priceless treasure

第十三课　　看　病

（安娜和哈雷来到医院）

安　娜：你先在这儿坐着，我去挂号。

（走到挂号窗口）

安　娜：同志，挂个号。

护　士：看什么科？

安　娜：内科。

护　士：以前在这儿看过病吗？

安　娜：没有，第一次来。

护　士：请在这张病历上填上您的名字、年龄、工作单位
　　　　……

安　娜：好，谢谢。

（两人来到内科诊室）

大　夫：请坐。您哪儿不舒服？

哈　雷：我头疼，咳嗽，老是流鼻涕。

大　夫：先试试表吧。（看表）您有点发烧。

哈　雷：多少度？

大　夫：三十七度八。烧得不厉害。把上衣解开，我给您
　　　　听听。深呼吸，呼，吸，再呼，再吸，好。

安　娜：大夫，他的病很重吗？

大　夫：不要紧，肺没什么问题，感冒了。

安　娜：昨天骑车从城里回来，出了一身汗，汗没落他就

去洗冷水澡，准是给冷水浇病的。

大　夫：我给您开个方子，吃点儿药，再打一针退烧针。
　　　　您能吃中药吗？

哈　雷：没吃过，大概很苦吧？

大　夫：汤药是苦，不过"良药苦口利于病"嘛。我给您
　　　　开点儿丸药吧，这个不太苦，效果还是不错的。
　　　　再开点儿西药。您看行不行？

哈　雷：行。

大　夫：您拿这个方子到药房取药。对了，我给您开个假
　　　　条，休息两天。要是不见好，您再来看看。

哈　雷：好，谢谢。

安　娜：你还到椅子上坐着，我去取药。

哈　雷：我去吧，不要紧的。

安　娜：昨天你烧了一晚上，脸色儿都变了，还是歇着去
　　　　吧。万一病加重了，就更麻烦了。你瞧，取药还
　　　　得排队呢。

　　　　　　　　（安娜到药房取药）

司　药：这药片一天三次，每次两片，饭后吃；这是针剂
　　　　和注射条，到西边注射室打针。

安　娜：还开有中药呢，也在这儿取吗？

司　药：不。中药房在大门西边，请到那儿去取。

　　　　　　　　（安娜来到中药房）

安　娜：同志，我取药。

司　药：这是银翘解毒丸，每天早、晚各一次，每次一
　　　　丸。

安　娜：从来没吃过中药，请问，怎么个吃法？

司　药：把药放在嘴里嚼碎，或者先把它分成小块儿再放
　　　　进嘴里，用温开水送下。

安　娜：谢谢。

生　　　词

1. 科	（名）	kē	section; department
2. 内科	（名）	nèikē	department of internal medicine
3. 病历	（名）	bìnglì	case history; medical record
4. 年龄	（名）	niánlíng	age
5. 单位	（名）	dānwèi	unit
6. 诊室	（名）	zhěnshì	consulting room
7. 咳嗽	（动）	késou	to cough
8. 流	（动）	liú	to run
9. 鼻涕	（名）	bíti	nasal mucus
10. 表	（名）	biǎo	thermometer
11. 发烧	（动）	fāshāo	to have a fever
12. 厉害	（形）	lìhai	serious
13. 上衣	（名）	shàngyī	coat; jacket
14. 解	（动）	jiě	to unfasten

15. 要紧　　　（形）yàojǐn　　　important; serious
16. 肺　　　　（名）fèi　　　　lung
17. 感冒　　　（动）gǎnmào　　to have a cold; cold
18. 冷水澡　　（名）lěngshuǐzǎo　cold (water) bath
19. 浇　　　　（动）jiāo　　　　to sprinkle water on
20. 退烧　　　　　tuì shāo　　to bring down a fever
21. 中药　　　（名）zhōngyào　Chinese medicine
22. 汤药　　　（名）tāngyào　　liquid Chinese medicine
23. 良　　　　（形）liáng　　　good
24. 利于　　　　　lìyú　　　　to be beneficial to
25. 丸药　　　（名）wányào　　pill
26. 效果　　　（名）xiàoguǒ　　effect
27. 药房　　　（名）yàofáng　　pharmacy
28. 取　　　　（动）qǔ　　　　to get; to fetch; to obtain
29. 假条　　　（名）jiàtiáo　　leave permit
30. 见好　　　（动）jiànhǎo　　(of a patient's condition) to get better
31. 药片　　　（名）yàopiàn　　tablet
32. 片　　　　（量）piàn　　　tablet (a measure word)
33. 注射　　　（动）zhùshè　　to inject
34. 银翘解毒丸（名）yínqiàojiědúwán

　　　　　　　　　　　　　　name of Chinese medicine

96

35. 丸	（量）wán	ball (a measure word)
36. 吃法	（名）chīfǎ	the way to take . . . pres-criptions; indications
37. 嚼	（动）jiáo	to chew
38. 碎	（形）suì	broken; crashed
39. 块儿	（名）kuàir	piece
40. 温	（形、动）wēn	warm; lukewarm
41. 开水	（名）kāishuǐ	boiled water

词 语 例 解

一、不要紧

"不要紧"这里是"不严重"、"没什么危险"的意思。例如：
（1）A：你脸色很不好，快到医院瞧瞧吧。
　　　B：不要紧，主要是没睡好觉，休息一会儿就好了。
（2）A：小心，河中间水深极了！
　　　B：不要紧，长江我还游过呢。
"不要紧"还有"没有什么关系"、"不重要"的意思。例如：
（3）贵点儿不要紧，只要东西好就行。
（4）路远点儿不要紧，我们可以要个出租汽车。

二、没什么问题

"没问题"本课指没毛病，有时还表示"没什么困难"。例如：
（1）这车修好了，骑起来保险没问题。
（2）没问题，一个半小时我们一定能赶到机场。

（3）他翻译这样的文章没一点问题。

三、对了，我给你开个假条

在说话当中，"对了"插在中间，表示有所补充或忽然想起了什么。例如：

（1）A：今天我们去颐和园吧。

B：行。对了，把照相机带上，到那儿照几张相。

（2）A：再会，见到杨帆请替我问好。

B：一定。对了，差点儿忘了，上次他给你们照的几张相，让我给你们带来了。

四、要是不见好

"见好"在课文中指病情好转。例如：

（1）吃了好多药，病还是不见好。

（2）哈雷打了两针，病就见好了。

练 习

一、对话（探病）

A：安娜，哈雷怎么没来上课？

B：他病了。

A：什么病？重吗？

B：小感冒，不要紧。

A：他有什么感觉？

B：就是有点儿头疼，身上没力气。

A：现在还吃药吗？

B：吃着呢。昨天吃了点儿中药，还打了两针。很快就要好了。

A：晚饭后我去看看他。

B：谢谢。

二、熟读下列句子：

1．这药一天三次，一次两片，饭后吃。

2．这药每天早、晚各一次，每次一丸，温开水送下。

3．这药睡前吃，一次两片。

4．这是止疼片，一次一片。

5．这是青霉素，一天打两针，一次一支。

6．过两天来换药，注意别感染。

三、替换练习

A：你看什么科?

B：我看牙科。

眼科　　外科　　妇科
中医科　　　内科

A"你哪儿不舒服?

B：我牙疼。

眼睛有点儿疼
腿碰破了
肚子疼
晚上睡不着觉
消化不良，不想吃东西

补 充 生 词

1．止疼片　　（名）zhǐténgpiàn　anodyne; pain-killer

2．青霉素　　（名）qīngméisù　penicillin

3．换药　　　huàn yào　change medicine

4. 感染	（动）	gǎnrǎn	infect
5. 牙科	（名）	yákē	(department of) dentistry
6. 眼科	（名）	yǎnkē	(department of) ophthalmology
7. 外科	（名）	wàikē	surgical department
8. 妇科	（名）	fùkē	(department of) gynaecology
9. 中医科	（名）	zhōngyīkē	(department of) traditional Chinese medicine
10. 胃病	（名）	wèibìng	stomach trouble
11. 消化不良		xiāohuàbùliáng	indigestion
12. 化验	（动）	huàyàn	laboratory test
13. 检查	（动）	jiǎnchá	test
14. 透视	（动）	tòushì	to have a fluoroscope examination
15. 包扎	（动）	bāozhā	bind up
16. 住院	（动）	zhùyuàn	be hospitalized

第十四课　找圆明园

哈　雷：现在几点？

安　娜：差一刻四点。

哈　雷：你累不累？

安　娜：还行。

哈　雷：那咱们再去圆明园看看，怎么样？

安　娜：你兴头还挺大的呀，好，走。

（走出颐和园，他们骑着自行车往东北方向走去，来到稻田旁边）

安　娜：走了半天，怎么还没影儿呢？

哈　雷：别急。圆明园毁了好多年了，不好找，打听一下吧。

（遇见一个五、六岁的小姑娘）

安　娜：小朋友，你好！

小姑娘：叔叔、阿姨好！

哈　雷：去圆明园怎么走哇？

小姑娘：我爷爷知道。爷—爷—

（老人从田里走出来）

安　娜：老人家，打扰您了。

老　人：没什么。

安　娜：今年收成不错吧？

老　人：比去年强点儿。你们这是……

哈　雷：我们想去看看圆明园，离这儿还远吗？

老　人：这儿就是了。

安　娜：啊?!这儿什么也没有呀!

老　人：现在有看头儿的，就数西洋楼了。你们要看，我领你们去，走。

安　娜：那太谢谢您了。

（四个人一同向东走去）

哈　雷：老人家，您多大岁数了？

老　人：六十多喽!

安　娜：家里几口人？

老　人：祖孙三代五口。儿子是工人，媳妇是社员。

小姑娘：还有我姐呢，她都上学了。

哈　雷：你们公社大吗？

老　人：不小，有十几个生产大队，一百多个生产队。

哈　雷：有多少人口？

老　人：差不多两万人。

安　娜：主要产什么？

老　人：蔬菜和水果，还产点儿粮食。

哈　雷：还搞点儿副业吗？

老　人：除了家庭副业，队里还养猪、养鸭。

安　娜：有自留地吗？

老　人：家家都有。

哈　雷：你们公社一定有社办企业喽。

老　人：有机修厂、化肥厂、砖厂……规模还不小呢。

安　娜：社里怎么分配？

老　人：生产队是核算单位，实行的是工分制，多劳多
　　　　得，少劳少得。

安　娜：女社员和男社员不一样吧？

老　人：一样，男女同工同酬嘛！西洋楼到了。

哈　雷：老人家，听说圆明园修了上百年？

老　人：可不，打康熙年间就动工了。康熙、乾隆几次下
　　　　江南，看到南方景色很美，叫人把南方的山水画
　　　　出来，照着图在这儿建了大小四十多景儿。建筑
　　　　风格不光有中国的，还有洋式的呢！

安　娜：看那几根石柱，就是罗马风格。

老　人：圆明园的地方可大了。听老人们说，园里不光有
　　　　各式各样的建筑，还保存着许多珍贵的艺术品。
　　　　后来英法联军进北京，抢走了全部宝物，末了还
　　　　到处放火。唉！当年那么好的一座园林，全给
　　　　毁了。

安　娜：可惜！可惜！都成了废墟。

生　　　词

1. 兴头　　　（名）xìngtou　　enthusiasm; keen interest

2. 稻田　　　（名）dàotián　　paddy field

3. 毁　　　　（动）huǐ　　　　to destroy

4. 老人　　　（名）lǎorén　　an old man or woman

5. 老人家　　（名）lǎorenjia　a polite word for addressing an aged person

6. 打扰	（动）	dǎrǎo	to interrupt; to trouble
7. 收成	（名）	shōucheng	harvest
8. 强	（形）	qiáng	strong; better than
9. 看头儿	（名）	kàntour	worth seeing
10. 岁数	（名）	suìshu	age
11. 祖孙	（名）	zǔsūn	grandparents and grandchildren
12. 代	（量、名）	dài	generation
13. 媳妇	（名）	xífù	daughter-in-law
14. 生产大队	（名）	shēngchǎndàduì	production brigade
15. 生产队	（名）	shēngchǎnduì	production team
16. 蔬菜	（名）	shūcài	vegetable
17. 副业	（名）	fùyè	side-line occupation
18. 养	（动）	yǎng	to raise; to keep
19. 猪	（名）	zhū	pig
20. 鸭	（名）	yā	duck
21. 自留地	（名）	zìliúdì	private plot
22. 社办企业	（名）	shèbànqǐyè	factories run by the commune
23. 机修厂	（名）	jīxiūchǎng	machine repairing shop

104

24. 化肥　　（名）huàféi　　chemical fertilizer

25. 砖　　　（名）zhuān　　brick

26. 规模　　（名）guīmó　　scale; scope

27. 分配　　（动）fēnpèi　　to distribute

28. 核算　　（动）hésuàn　　to calculate

29. 实行　　（动）shíxíng　　to carry out; to practise

30. 工分制　（名）gōngfēnzhì　workpoint system

31. 同工同酬　　tónggōngtóngchóu
　　　　　　　　　equal pay for equal work

32. 上　　　（动）shàng　　over

33. 打　　　（介）dǎ　　　from

34. 照　　　（介）zhào　　according to

35. 图　　　（名）tú　　　picture; drawing

36. 景儿　　（名）jǐngr　　scenery

37. 风格　　（名）fēnggé　　style

38. 洋式　　（形）yángshì　　foreign style

39. 石柱　　（名）shízhù　　stone column

40. 保存　　（动）bǎocún　　to remain; to preserve

41. 珍贵　　（形、动）zhēnguì　valuable; precious

42. 放火　　　　fànghuǒ　　to set on fire

43. 园林　　（名）yuánlín　　gardens

44. 当年	（名）dāngnián	in those years
45. 废墟	（名）fèixū	ruins

专　名

1. 圆明园	Yuánmíngyuán	Yuanming Gardens (1709)
2. 西洋楼	Xīyánglóu	Occidental Building
3. 康熙	Kāngxī	Kangxi Emperor (1662-1722)
4. 乾隆	Qiánlóng	Qianlong Emperor (1736-1795)
5. 罗马	Luómǎ	Rome
6. 英法联军	Yīng-Fǎ Liánjūn	the British-French allied forces (1860)

词　语　例　解

一、怎么还没影儿呢

"没影儿"意思是连一点影子也看不见。例如：

(1) 他刚才还在这儿，怎么一会儿就没影儿了？

(2) A：你的论文写成了吧？

B：还没影儿呢，刚开始准备材料。

二、打扰您了

"打扰您"一般是在别人工作时间向人家询问事情或被招待

以后说的一句客气话，表示谦意或感谢；在询问事情之前，先说声"打扰您一下"，是表示谦意。例如：

（1）打扰您了，您一讲我明白了许多。

（2）打扰您了，谢谢。

（3）打扰您一下，有件事想请教您。

三、比去年强点

形容词"强"在这里是"好"的意思，一般用于两种事物或同一事物前后的比较。例如：

（1）他的发音比我强。

（2）这个学校的教学质量比以前强一些。

（3）他的病虽没全好，但比前几天强多了。

（4）别的你不要考虑，身体养好了比什么都强。

四、有看头儿的

"有看头儿"意思是"有看的价值"。跟"看头儿"类似的还有"听头儿"、"吃头儿"、"说头儿"等。例如：

（1）昨天的电影一点儿也不好，太没看头儿了。

（2）文艺晚会上那位女演员唱的几支歌可有听头儿了。

（3）这个红烧鱼很有点吃头儿。

（4）这故事人家听几百遍了，有什么说头儿？

五、多大岁数了

中国人问年纪时，分对象：如果问小孩，可以问"你几岁了"、"你多大了"；如果问成年人，一般问"您多大年纪了"、"您多大岁数"；如果心中有个大概估计，可以问"您今年×十几了"。例如：

（1）小朋友，你几岁了？

（2）大娘，您多大年纪了？

（3）小张，你今年二十几？

六、打康熙年间就动工了

"打"在这里是介词，意思是"从"，口语常说。例如：

（1）展览会有好几个陈列馆呢，咱们打这儿看吧。

（2）打那以后，我就一直没再见到他。

七、大小四十多景儿

"景儿"指风景、景致。例如：

（1）到了杭州，你一定去看看西湖十景儿，美极了！

（2）冬天，去长城看雪景儿，那才有意思呢！

练　　习

一、对话（谈家常）

A：请问，你是这个学校的吗？

B：是的。我是外语系学生，学英语。

A：听口音你好象不是北方人。

B：我是上海人，去年考到这儿的。

A：家里还有什么人？

B：爸爸、妈妈和姐姐。爸爸是医生，妈妈是工艺美术厂的
　　工人，我姐姐是游泳运动员。

A：你家住在城里，还是郊区？

B：住城里，就在南京路。

A：你常回家吗？

B：不经常回家，一年两次。

108

二、朗读下列句子，注意句中语气助词的作用

1. 你现在就走吗？
2. 走了半天，圆明园怎么还没影儿呢？
3. 今年收成不错吧？
4. 要下雨了，快点儿回去吧！
5. 你汉语说得不错嘛！
6. 建筑风格不光有中国的，还有洋式的呢！
7. 哎呀，是你们哪！
8. 几年没见，这孩子都这么高啦！

三、听述下面的短文

星期天下午，哈雷跟安娜去圆明园。他们找了半天，连个影子也没看见。后来，在稻田旁边，碰见了一个老人，问他去圆明园怎么走。

老人听说他们想去看圆明园，就给他们带路。一边儿走一边儿谈，一会儿就到了西洋楼。老人说，圆明园地方很大，周围有几十里。清朝皇帝修了上百年，才把它修成。里边有大小四十多景儿。建筑风格不光有中国的，也有外国的。西洋楼就是罗马式建筑。一八六〇年，英法联军打进了北京。他们抢走了园里的全部宝物，最后放了一把火，把圆明园烧了。

如今人们看到的全是一片废墟！哈雷和安娜听了老人的介绍，看了看眼前的情景，觉得十分可惜。

补 充 生 词

1. 带路	（动）	dàilù	show (or lead) the way
2. 口音	（名）	kǒuyin	accent
3. 郊区	（名）	jiāoqū	suburbs

第 十 五 课　　谈 颐 和 园

（晚饭后，张大海来看望哈雷夫妇）

张大海：（敲门）有人吗？

安　娜：请进。哟，是张老师，快进来坐。

张大海：怎么样，学习生活够紧张的吧？

安　娜：还好。紧张是紧张，可是很愉快。今天就跑了一天，刚回来。

张大海：都到哪儿去了？玩儿得好吗？

哈　雷：颐和园、圆明园，玩儿得痛快极了。

安　娜：颐和园有山有水。万寿山、昆明湖、十七孔桥，还有长廊，我们都到了，景色真美。那儿能爬山，能划船，能游泳。要不是他老催呀，还能多玩儿一会儿呢！

哈　雷：等你玩儿够了，就去不成圆明园了。

安　娜：可也是，来中国不看看圆明园，也够遗憾的。

哈　雷：老张，为什么中国人叫颐和园，在法文里就成了"夏宫"呢？

张大海：从前每到夏天，慈禧太后和皇帝就去那里避暑，所以就翻译成"夏宫"了。

安　娜：颐和园修得可真够阔气的。

张大海：阔气是够阔气的，可花的钱也真够惊人的。那是慈禧挪用海军军费几千万两白银,才修建起来的。

哈　雷：听说戊戌政变以后,慈禧把光绪关在颐和园了?

张大海：就关在玉澜堂。怕光绪逃跑,在房子正中,修了一堵很厚的墙。

安　娜：参观的时候我还挺奇怪,干吗屋子正中横着一道墙?原来是这么回事儿。

张大海：欸,大戏楼和谐趣园你们去了没有?

哈　雷：没有。

张大海：这两个地方可值得一去。尤其是谐趣园,很有江南园林特色。

安　娜：恐怕我们没看的地方还多着呢。不过我遇到一件使我非常高兴的事儿。

张大海：什么事儿?

安　娜：我们俩在昆明湖边喝完汽水儿,站起来就走了。没走几步,听见有人在后边喊,回头一看,有个姑娘向我们跑来,一边跑一边喊:"您的照相机……"原来我们走得匆忙,把照相机落下了。我接过相机,忙说:"谢谢!"她说了声"不用谢",就走了。

张大海：那你是遇到好人啦。(看表)哟,时候不早了! 我该回去了。

安　娜：你难得来一回,多坐会儿! 来,再喝杯咖啡。

张大海：不啦。我得走了,再晚就赶不上末班车了。

哈　雷：那就不多留你了,以后常来。

张大海：好,一定来。

生　　词

1. 痛快　　（形）tòngkuai　　to one's heart's content
2. 划船　　　　huáchuán　　to row a boat
3. 催　　　（动）cuī　　to urge
4. 遗憾　　（形）yíhàn　　sorry; pity
5. 太后　　（名）tàihòu　　empress dowager
6. 皇帝　　（名）huángdì　　emperor
7. 避暑　　　　bìshǔ　　to spend a holiday at a summer resort
8. 阔气　　（形）kuòqi　　extravagant
9. 挪用　　（动）nuóyòng　　to misappropriate; to divert (funds)
10. 海军　　（名）hǎijūn　　navy
11. 军费　　（名）jūnfèi　　military expenditure
12. 白银　　（名）báiyín　　silver
13. 关　　　（动）guān　　to imprison
14. 逃跑　　（动）táopǎo　　to run away
15. 堵　　　（量）dǔ　　(a measure word)
16. 厚　　　（形）hòu　　thick
17. 墙　　　（名）qiáng　　wall
18. 奇怪　　（形）qíguài　　strange

112

19.	干吗		gànmá	why
20.	横	(动)	héng	to stand across
21.	喊	(动)	hǎn	to cry; to shout
22.	匆忙	(形)	cōngmáng	hasty
23.	落	(动)	là	to leave behind
24.	留	(动)	liú	to keep

专　名

1.	万寿山	Wànshòu Shān	Longevity Hill
2.	昆明湖	Kūnmíng Hú	Kunming Lake
3.	十七孔桥	Shíqīkǒngqiáo	Seventeen-Arch Bridge
4.	长廊	Chángláng	Long Corridor
5.	夏宫	Xiàgōng	Summer Palace
6.	戊戌政变	Wùxū Zhèngbiàn	the Reform Movement of 1898
7.	光绪	Guāngxù	Guangxu Emperor
8.	玉澜堂	Yùlántáng	Hall of Jade Ripples
9.	大戏楼	Dàxìlóu	Great Theatre
10.	谐趣园	Xiéqùyuán	Garden of Harmonious Interest

113

词 语 例 解

一、紧张是紧张

"是"在这里表示语气上让步，先承认事实，但下一个分句里，一定是转折语气。例如：

(1) 这一段忙是忙，但干出的成绩也真不小。

(2) 这个剧场大是大，但是音响效果不太好。

(3) 酒他喝是喝，但从来没醉过。

二、可也是

对某一事物，自己原有一定的看法或主见，但听了别人的不同意见后，觉得有道理，因而改变了原来的看法或主见，口语常用"可也是"。例如：

(1) A：买瓷器回去不好带，不如买点儿别的工艺品。

　　　　B：可也是。那就买两幅织锦吧。

(2) A：上海应该去，可西安更应该去，那里古代文物多着呢。

　　　　B：可也是，访问中国，不到古代名城西安看看，等于没来。

三、干吗屋子正中横着一道墙

"干吗"是"干什么"、"为什么"的意思。例如：

(1) 你现在干吗？

(2) 他干吗不去呢？

(3) 您干吗说这些话？

四、把照相机落下了

"落"（là）在这里的意思是把东西放在某个地方，走的时候忘记拿了。例如：

114

（1）我把钢笔落在教室的桌子上了。

（2）请把自己的东西都带上，别落下什么。

五、你难得来一回

"难得"在这里意思是因机会少或限于某种条件，很不容易做到。例如：

（1）他工作很忙，半年也难得到公园玩儿一回。

（2）你难得到北京来一次，多住几天吧。

六、不啦

在口语中，"不啦"表示不再继续做或不想做某件事。例如：

（1）A：他还在教英语吗？

B：不啦，在编《汉英字典》呢。

（2）A：中午在这儿吃饭吧。

B：不啦，我得回去，有个客人要来。

练　　习

一、对话（留客）

1．A：你难得来一次，就多住几天。

B：谢谢。快开学了，我得早点儿回去。

2．A：快十二点了，就在这儿吃饭吧。

B：好吧。简单点儿啊。

3．A：时间还早呢，再聊会儿吧。

B：不啦。我还有个约会。

4．A：今天别走了，咱们去听音乐会。

B：好。

5．A：外边下雨呢，等雨停了再走吧。

B：那就再坐会儿。

二、完成对话时用上括号里的适当词语

1．A：星期天公园里人多不多？

　B：星期天公园里人＿＿＿＿＿＿。（多得很、多得要命、多极了、多得不得了）

2．A：你们在香山玩儿得怎么样？

　B：玩儿得＿＿＿＿＿＿。（痛快、很痛快、痛快极了）

3．A：颐和园的风景怎么样？

　B：简直＿＿＿＿＿＿。（美极了、太美了）

4．A：哈雷的病怎样了？

　B：比昨天＿＿＿＿＿＿。（好一点儿、好一些、好多了）

5．A：这次考试比上次怎么样？

　B：这次考试＿＿＿＿＿＿。（强点儿、强一些、强多了、好得多、差一点儿、差一些、差多了）

第十六课 称 呼

哈　雷：中国人的称呼可真复杂，弄不好就出笑话。

安　娜：上星期坐车进城，你就出了一回洋相。

哈　雷：过香港的时候，我听有的管你叫女士，有的叫你
太太、夫人，有的还叫你小姐。到了北京，我把
那位姑娘叫小姐，谁知出了个大笑话。

安　娜：老爷、太太、少爷、小姐这些称呼，早就不用了，
一般都称呼同志，什么"张同志"，"小同志"，
"解放军同志"，"售货员同志"……。只有在
台湾、香港等地还保留着那些称呼。

哈　雷：你忘了？前天宴会上，一位中国官员讲话，头一
句就是"女士们、先生们"。

安　娜：这些称呼，外交场合还用，中国人之间就不用
了。

哈　雷：那管"太太"叫什么好呢？称"夫人"吗？

安　娜：也行，不过中国人一般称"爱人"、"妻子"。
比如："请代问您爱人好"。

哈　雷：那对女同志说"请代问您先生好"行不行？

安　娜：好象不这样说，还是说"您爱人"，也可以说
"您丈夫"。

哈　雷：要是比较熟悉的中国朋友，怎么叫好呢？

安　娜：象张大海先生，就叫他"张老师"，"老张"也
　　　　行。把杨帆叫"小杨"，就准乐意，叫名字也
　　　　行。

哈　雷：那不熟悉的呢？有时我真不知道该怎么称呼。

安　娜：有什么难的，就叫"同志"好了。对生人，如果
　　　　问路，打听个什么事，可以什么也不用叫，说一
　　　　声"劳驾"、"请问"或"打扰您一下"，接着
　　　　就说你要说的事儿。

哈　雷：对年纪大的怎么称呼好呢？

安　娜：一般称大爷、大娘、老人家；对有学问的人，称
　　　　先生，老先生。

哈　雷：对小孩就更好办了，叫声"小朋友"。在公共场
　　　　合，中国人好象还有一些别的什么称呼。

安　娜：那就是"旅客"呀，"游客"呀，"乘客"呀，
　　　　"顾客"呀，还有"观众"、"听众"什么的。
　　　　这些是工作人员对他们的服务对象的称呼，咱们
　　　　用不着。

哈　雷：你这么一说，我明白多了。如果上饭馆、商店、
　　　　邮局，称那儿的工作人员都叫"服务员同志"行
　　　　吗？

安　娜：也可以。不过也有差别，有的叫服务员，有的叫
　　　　售货员，有的叫营业员。最简单的方法，就叫声
　　　　"同志"。

哈　雷：这里名堂真不少。没想到，你成了中国通了。

安　娜：不敢当。我问过许多中国朋友，才知道个大概。

那些亲戚间的称呼，就更复杂了,恐怕一辈子也
搞不清楚。

生　　词

1.	复杂	（形）fùzá	complicated
2.	弄	（动）nòng	to do
3.	笑话	（名、动）xiàohua	joke; to laugh at
4.	洋相	（名）yángxiàng	(to make) an exhibition of oneself
5.	管…叫	guǎn...jiào	to call sb. sth.
6.	太太	（名）tàitai	madame; wife
7.	老爷	（名）lǎoye	sir; master
8.	少爷	（名）shàoye	young master
9.	保留	（动）bǎoliú	to keep; to retain
10.	宴会	（名）yànhuì	banquet
11.	官员	（名）guānyuán	official
12.	场合	（名）chǎnghé	occasion
13.	好象	（副）hǎoxiàng	seem; as if
14.	熟悉	（形、动）shúxī	to be familiar with
15.	乐意	（形、动）lèyì	be happy about; pleased
16.	大爷	（名）dàye	uncle

17. 学问	（名）xuéwen	learning; scholarship
18. 旅客	（名）lǚkè	passenger
19. 游客	（名）yóukè	tourist; sightseer
20. 观众	（名）guānzhòng	audience
21. 听众	（名）tīngzhòng	listeners
22. 工作人员	gōngzuò rényuán	staff member; working personnel
23. 对象	（名）duìxiàng	object; person one speaks to or works for
24. 明白	（形、动）míngbai	clear; to understand
25. 名堂	（名）míngtang	implication; implied meaning; variety
26. 中国通	（名）zhōngguótōng	an old China hand
27. 不敢当	bùgǎndāng	really don't deserve this

专　名

| 1. 香港 | Xiānggǎng | Hong Kong |
| 2. 台湾 | Táiwān | Taiwan |

词 语 例 解

一、管你叫女士

"管"在这里是介词，意思是"把……（叫做）……"，口语里常说。例如：

1. 孩子们见了安娜，都管她叫阿姨。

2. 李文的个子比别人高，大家都管他叫大李。

二、什么"张同志"、"小同志"……

"什么"用在几个并列成分前边，表示列举不尽。

例如：

1. 他会好几种外语，什么英语、法语、德语……都讲得很好。

2. 李秀做菜很有两下子，什么红烧鱼呀，辣子肉丁呀，她都做得不错。

三、还有观众听众什么的

"什么的"放在并列成分之后，表示"之类"的意思。

例如：

1. 他晚上常看点儿小说、听听音乐什么的。

2. 来北京不到两星期，就看了几次戏，还有杂技、木偶戏什么的，真是大饱眼福。

四、不敢当

"不敢当"的意思是承当不起别人对自己的赞誉或招待。例如：

1. A：王先生是著名的汉语专家，今天给我们作了一个高水平的报告，对我们很有教益。

   B：不敢当，不敢当。请多多批评指正。

2. 张先生这样盛情招待我们，实在不敢当。

练　　习

一、在下面句子里填上适当的称呼

1 ＿＿＿＿＿＿同志，我们酒喝好了，请上饭吧。

2 张＿＿＿＿＿＿，听说您当电工快三十年了？

3 史密斯＿＿＿＿＿＿＿，我很高兴能认识您和您夫人。

4 王＿＿＿＿＿＿＿，您上次给我开的药很见效，只吃了三天，病就好了。

5 李＿＿＿＿＿＿＿，您下午能不能给我补一次课？

二、补充对话（重点练习称呼）

A：老王，昨晚小赵结婚，你怎么没来？

B：我正值班。

A：昨晚来了不少人，新郎、新娘的亲戚、朋友、同学、同事，还有小赵他们厂的孙技术员和刘工程师，连他们的厂长都来了。

B：小赵的父母来了吗？

A：两位老人都在外地。

B：小赵有兄弟姐妹吗？

A：有一个哥哥，在哪个研究所当领导，还有一个姐姐，是大学里的讲师还是教授，我不大清楚。

B：婚礼热闹吧？

A：可热闹啦，唱歌、跳舞，有说有笑，搞到很晚。

B：欸，小李，什么时候喝你的喜酒啊？

A：八字还没一撇呢！

补 充 生 词

1. 新郎　　　（名）xīnláng　　　bridegroom

2. 新娘　　　（名）xīnniáng　　　bride

3. 同事　　　（名）tóngshì　　　colleague

4. 技术员	（名）	jìshùyuán	technician
5. 工程师	（名）	gōngchéngshī	engineer
6. 厂长	（名）	chǎngzhǎng	factory director
7. 外地		wàidì	parts of the country other than where one is
8. 领导	（名）	lǐngdǎo	leader
9. 讲师		jiǎngshī	lecturer
10. 教授	（名）	jiàoshòu	professor
11. 热闹	（形）	rènao	bustling with noise and excitement

第十七课　请　客

（哈雷给王宁打电话）

哈　雷：喂，您是王先生吗？

王　宁：对，我就是。

哈　雷：星期天我想请您和您夫人吃饭，不知道这个时间对您是不是方便？

王　宁：不要破费了，我看免了吧。

哈　雷：不，我还请了几位朋友，都是在法国工作过的，大家到一起叙谈叙谈，请您别推辞，一定光临！

王　宁：那我就遵命了。

哈　雷：好，咱们一言为定。都是老朋友，我也就不送请帖了。星期日下午七点，在江苏餐厅。到时候，我在门口等你们。

（在江苏餐厅）

服务员：客人到齐了没有？

哈　雷：齐了，上菜吧。

服务员：好，就来。

（摆好酒菜）

哈　雷：咱们几位在巴黎分别后，转眼两年了，今天又聚会在一起，真是难得。来，为我们的重逢，干杯！

众　　：干杯！

安　娜：请，这是清蒸鳜鱼。

124

齐振东：味道不错。

安　娜：老张，你爱吃辣的，这个辣子鸡是专为你要的。

张大海：谢谢。

安　娜：定菜的时候，特意请教了师傅。你们几位哪儿的人都有，所以要了几种风味的菜。

哈　雷：其实也不光是为你们，我们初到中国，也想都尝尝。

老齐，再给您添点儿酒，要茅台，还是威士忌？

齐振东：不啦，我喝的已经够多的了，再喝非醉不可。

哈　雷：不至于。来，斟满，俗话说："酒逢知己千杯少"嘛！

安　娜：朋友们，吃菜呀。

张大海：我已经酒足饭饱了，诸位慢慢吃。

安　娜：王先生，您再吃点儿。

王　宁：谢谢，我也吃好了。

服务员：现在要不要上茶？

哈　雷：大家都不吃了，请上茶吧。

服务员：好，马上就到。

哈　雷：王先生，您怎么到新华社了？

王　宁：我以前学过一段新闻专业，前不久就调我去当记者了。

哈　雷：工作很忙吧？

王　宁：可不，一天到晚跑采访，写稿子。

安　娜：您夫人没来，真遗憾。她还在文学研究所吗？

王　宁：嗯，还干本行。她本来是要来的，可是突然所里要她陪一个作家代表团去天津了。

齐振东：怎么样？这一段学习收获不小吧。

安　娜：那当然。学汉语比在法国好多了。虽然才短短
　　　　几周时间，听和说都明显有提高。

张大海：时间不早了，我得告辞了。谢谢你们热情款待。

齐振东：
王　宁：我们也得走了，谢谢你们。

哈　雷：
安　娜：不客气，再会。

生　　词

1．破费　　（动）pòfèi　　　to spend money; to go to some expense

2．免　　　（动）miǎn　　　to dispense with

3．叙谈　　（动）xùtán　　　to chat

4．推辞　　（动）tuīcí　　　to decline (an invitation)

5．光临　　（动）guānglín　　to be present

6．遵命　　（动）zūnmìng　　to obey your command

7．请贴　　（名）qǐngtiě　　invitation card

8．分别　　（动）fēnbié　　　to part from; to leave each other

9．转眼　　　　　zhuǎnyǎn　　in a flash

10．聚会　　（动）jùhuì　　　to get together

11. 重逢	（动）	chóngféng	to meet again
12. 干杯		gānbēi	to drink a toast; cheer
13. 清蒸鳜鱼		qīngzhēng guìyú	steamed mandarin fish
14. 定	（动）	dìng	to fix; to settle; to decide
15. 特意	（副）	tèyì	for a special purpose
16. 请教	（动）	qǐngjiào	to ask for advice
17. 师傅	（名）	shīfu	master
18. 初	（副）	chū	first
19. 添	（动）	tiān	to add to
20. 茅台（酒）	（名）	máotái (jiǔ)	Maotai (spirit);
21. 威士忌	（名）	wēishìjì	whisky
22. 非…不可		fēi...bùkě	definitely; be bound to
23. 醉	（动）	zuì	to be drunk
24. 不至于		búzhìyú	not so much as...; unlikely
25. 斟	（动）	zhēn	to pour (wine) into
26. 俗话	（名）	súhuà	common saying
27. 知己	（名、形）	zhījǐ	bosom friend; intimate
28. 足	（形）	zú	enough
29. 饱	（形）	bǎo	to be full; to have had enough

30. 诸位	（代）zhūwèi	a polite term for "every-body"
31. 马上	（副）mǎshàng	at once
32. 新闻	（名）xīnwén	news
33. 专业	（名）zhuānyè	speciality
34. 调	（动）diào	to transfer
35. 记者	（名）jìzhě	reporter; newsman
36. 采访	（动）cǎifǎng	to interview
37. 稿子	（名）gǎozi	manuscript; contributed essay; article
38. 嗯	（叹）ǹg	(an interjection)
39. 本行	（名）běnháng	one's own profession
40. 本来	（副）běnlái	originally; at first
41. 陪	（动）péi	to accompany
42. 作家	（名）zuòjiā	writer
43. 当然	（形、副）dāngrán	certainly
44. 明显	（形）míngxiǎn	obvious; evident
45. 告辞	（动）gàocí	to take leave; to bid fare-well to
46. 款待	（名、动）kuǎndài	to entertain; to treat
47. 再会	zàihuì	see you again

专　　　名

1. 王宁	Wáng Níng	name of a person

128

2．江苏餐厅　　Jiāngsū Cāntīng
　　　　　　　　Jiangsu Restaurant

3．齐振东　　　Qí Zhèndōng　name of a person

4．新华社　　　Xīnhuáshè　Xinhua News Agency

5．天津　　　　Tiānjīn　　　name of a city

词 语 例 解

一、再喝非醉不可

　　"非……不可"意思是"一定要……"、"一定会……"或"必须"，表示完全肯定的语气。例如：

　　　　1．你看今天这么闷，非下雨不可。

　　　　2．你再不注意身体，非累病了不可。

　　　　3．要学好中文，非下苦功夫不可。

二、不至于

　　"不至于"是说事情还不会达到某种程度或地步。例如：

　　　　1．A：听说南方很热，我真怕到那儿受不了。

　　　　　　B：我想还不至于。

　　　　2．学习虽然很忙，也不至于连体育锻练的时间都没有。

　　　　3．他虽然有点儿外地口音，但你们不至于完全听不懂。

三、可不，一天到晚跑采访

　　"可不"这里用来表示赞同上面的谈话。也说"可不是嘛"。例如：

　　　　1．A：他中文进步很大。

B：可不，现在都能看报了。

2．A：几年没见你们的孩子，长挺高了吧？

B：可不是嘛，都一米二了。

四、嗯

叹词"嗯"表示答应时读"ňg"。例如：

1．A：小王，你看过电影《小花》了吧？

B：嗯，看过了。

2．A：今天是九号吧？都有什么活动？

B：嗯。下午游香山，晚上看杂技。

练　　习

一、对话（约会）

A：下星期天，你们有空儿吗？

B：可能没什么事。

A：咱们一起去香山玩儿玩儿怎么样？

B：好。来北京一个多月了，我还没去过那里呢。

A：那好吧，下星期天早晨七点半，我在中关村332路车站等你。别忘了，不见不散！

B：要是下雨就再改个时间。

A：好。

二、根据提示进行对话

1．老朋友张文请李华到饭店吃饭。

2．杨帆请哈雷夫妇看戏。

3．张文打电话约哈雷第二天去故宫。

4．张大海请哈雷夫妇等到一个饭店聚会。

三、熟读下列句子

1. 干杯!

2. 为我们的友谊干杯!

3. 为大家的健康干杯!

4. 为我们在新的一年里取得更大成绩干杯!

5. 为新婚夫妇的幸福干杯!

6. 为贵国的繁荣昌盛干杯!

7. 我提议,为我们两国人民的友谊干杯!

8. 来,为我们今日相逢干一杯!

9. 祝安娜、哈雷旅途愉快,干杯!

四、补充会话(吃烤鸭)

A:北京的烤鸭真是名不虚传!

B:看来你是吃过烤鸭喽。

A:当然!昨天我特意进城美餐了一顿。

B:你说说,烤鸭有什么特点?

A:鸭子烤得又酥又香,味道好极了!鸭汤也非常鲜美。

B:烤鸭店在哪儿?

A:你问全聚德烤鸭店吗?前门、王府井、和平门都有。

B:你这么一说,我也要去吃一顿!

A:去吧,包你满意!

补 充 生 词

1.	焦熘里脊	jiāoliū lǐji	deep-fried fillets of pork in sauce
2.	木犀肉	mùxiròu	stir-fried meat with scrambled eggs

3. 麻婆豆腐	mápó dòufu	Mapo bean curd; bean curd in Sichuan style
4. 糖醋排骨	tángcù páigǔ	sweet and sour pork chops
5. 沙锅鸡	shāguōjī	sliced chicken soup in casserole
6. 清蒸鲤鱼	qīngzhēng lǐyú	steamed carp
7. 炸大虾	zhádàxiā	fried prawns
8. 涮羊肉	shuànyángròu	instant-boiled mutton; Mongolian hotpot
9. 西红柿鸡蛋汤	xīhóngshì jīdàn tāng	tomato egg soup
10. 鱼翅汤	yúchì tāng	shark's fin soup

专　　名

1. 全聚德	Quánjùdé	Quanjude (name of a restaurant)
2. 东来顺	Dōngláishùn	Donglaishun (name of a restaurant)
3. 丰泽园饭庄	Fēngzéyuán Fànzhuāng	Fengzeyuan Restaurant

4. 鸿宾楼　　　　Hóngbīnlóu　Hongbinlou　(name of a restaurant)

5. 仿膳　　　　　Fǎngshàn　　Fangshan　(name of a restaurant)

第十八课 听 广 播

（晚饭后，张大海来找哈雷）

张大海：（敲门）有人吗？

安　娜：请进。噢，是老张。

张大海：怎么你一个人在，哈雷呢？

安　娜：他去送个客人，一会儿就回来。你来点儿什么，咖啡还是茶？

张大海：随便吧。哈雷要一份法文的故宫介绍材料，我给他带来了。

安　娜：那太感谢你了。我们明天参观故宫，中文材料有几个地方看不懂。你这可帮了我们大忙了。

张大海：说哪儿去了？我在法国时，许多地方还不是靠你们？要说感谢，得先谢你们。

安　娜：来，吃糖。

张大海：好。你在忙什么呢？

安　娜：没忙什么，刚才听广播来着。

张大海：你们刚来一个多月，都能听中文广播了，不简单！

安　娜：有个关于五届人大的消息。老张，"五届人大"是个简称吧？

张大海：对，就是第五届全国人民代表大会。"人大"

是国家最高权力机关，也是最高立法机关。

安　娜：这和一些国家的议会差不多吧？

张大海：形式上差不多。

安　娜：那行政机关呢？

张大海：中央叫国务院，有些国家叫做内阁。中国的政府首脑就是国务院总理，这和别的国家差不多。中国的国家元首是全国人民代表大会常务委员会委员长，欧洲一些国家是共和国总统。

安　娜：中国除了执政党以外，还有其他党派吗？

张大海：有。象中国国民党革命委员会、中国民主同盟、九三学社等民主党派。

安　娜：我们很想深入地了解中国，比如国家性质、政权机构、所有制、分配原则、民族政策等等，我们只有抽象的概念，缺乏感性认识。

张大海：这次是个好机会，你们应当多看、多问。

（哈雷推门进来）

哈　雷：哟，老张来了，让你久等了。

张大海：没什么，我也刚来。你要的材料拿来了。

哈　雷：又麻烦你跑了一趟。

张大海：这有什么？反正我今晚没什么事儿。

哈　雷：那好，咱们今晚好好聊聊。

生　　词

1．材料　　（名）cáiliào　　　material

2. 来着　　　（助）láizhe　　　(an auxiliary word)

3. 届　　　　（量）jiè　　　　(a measure word)

4. 人大　　　（名）réndà　　　the National People's Congress

5. 简称　　　（名）jiǎnchēng　shortform; abbreviation

6. 权力　　　（名）quánlì　　power; right

7. 机关　　　（名）jīguān　　organ

8. 立法　　　　　lìfǎ　　　legislative

9. 议会　　　（名）yìhuì　　parliament

10. 形式　　　（名）xíngshì　form

11. 行政　　　（名）xíngzhèng　administration

12. 中央　　　（名）zhōngyāng　centre

13. 国务院　　（名）guówùyuàn　the State Council

14. 内阁　　　（名）nèigé　　cabinet

15. 政府　　　（名）zhèngfǔ　government

16. 首脑　　　（名）shǒunǎo　head

17. 总理　　　（名）zǒnglǐ　premier

18. 元首　　　（名）yuánshǒu　head of state

19. 常务委员会　　　chángwù wěiyuánhuì

　　　　　　　　　　standing committee

20. 委员长　　（名）wěiyuánzhǎng

　　　　　　　　　　chairman of the standing

136

committee

21. 共和国　　（名）gònghéguó　republic

22. 总统　　　（名）zǒngtǒng　president

23. 执政党　　　　zhízhèngdǎng

　　　　　　　　the political party in pwoer

24. 党派　　　（名）dǎngpài　(political)　party

25. 深入　　（形、动）shēnrù　deep; to deepen

26. 性质　　　（名）xìngzhì　nature; characteristics

27. 政权　　　（名）zhèngquán　power

28. 机构　　　（名）jīgòu　organization

29. 所有制　　（名）suǒyǒuzhì　system of ownership

30. 原则　　　（名）yuánzé　principle

31. 政策　　　（名）zhèngcè　policy

32. 抽象　　　（形）chōuxiàng　abstract

33. 概念　　　（名）gàiniàn　concept

34. 缺少　　　（动）quēshǎo　to lack

35. 感性认识　　　　gǎnxìngrènshi

　　　　　　　　perceptual knowledge

36. 趟　　　　（量）tàng　time (a measure word)

37. 反正　　　（副）fǎnzheng　anyway

专　　名

1. 欧洲　　　　　　Ōuzhōu　　Europe
2. 中国国民党革命委员会
　　　　　　　　　Zhōngguó Guómíndǎng Gémìng Wěi-
　　　　　　　　　yuánhuì　　the Revolutionary Commit-
　　　　　　　　　　　　　　tee of the Kuomintang of
　　　　　　　　　　　　　　China
3. 中国民主同盟　　Zhōngguó Mínzhǔ Tóngméng
　　　　　　　　　　　　　　the Democratic League of
　　　　　　　　　　　　　　China
4. 九三学社　　　　Jiǔ-Sān Xuéshè
　　　　　　　　　　　　　　the Jiu San Society

词　语　例　解

一、听广播来着

助词"来着"放在句尾，表示不久前发生过什么事情。例如：

1. 尼可尔没进城，刚才我还看见他来着。
2. 这件事他好象说过来着。
3. 字典刚才还在这儿来着，怎么转眼就不见了？

二、不简单

"不简单"有时表示赞美，意思是某一方面很突出，了不起。例如：

1. 这么大的工程一年就建成了，不简单！
2. 曹禺二十三岁就写出这么好的剧本，真不简单！

138

三、反正我今晚没事

"反正"是副词，表示坚决、肯定的语气。例如：

1. 反正我已准备好了，什么时候动身都行。
2. 不管你怎么说，反正我不信。

练　　习

一、完成对话

用上"不必客气"或"太客气了"、"没什么"、"没关系"等。

1. A：麻烦你了，又让你跑了一趟！

　　B：

2. A：对不起，让你久等了！

　　B：

3. A：同志，打扰您了！

　　B：

4. A：谢谢您的帮忙。

　　B：

二、根据问题做长段的回答

1. 北京夏天的天气怎么样？
2. 你们在语言学院的生活怎么样？
3. 这次短期进修有意思吗？
4. 你的汉语学习有没有进步？
5. 你来北京以后都去过哪些地方？
6. 短期进修结束后你还有什么打算？

三、补充会话（看电视）

A：今晚电视有什么节目？

B：来，看看《电视周报》。

A：有"新闻联播"、"国际新闻"、"世界各地"、"卫生与健康"、"文化生活"，最后还有故事影片。

B：第几频道？

A：二频道。八频道是"体育之窗"、"科学与技术"、"为您服务"、"电视剧"……

B：有天气预报吗？

A：几个台都有。

补 充 生 词

1. 联播　　（动、名）liánbō　radio hookup

2. 见闻　　（名）jiànwén　　what one sees and hears

3. 频道　　（名）píndào　　frequency channel

4. 预报　　（名）yùbào　　forecast

第十九课　　走　访

（参观纺织厂后，他们访问了一个工人家庭）

哈　雷：我们是法国人，我叫哈雷，她叫安娜。

刘师傅：欢迎朋友们来。我姓刘，就叫我老刘吧。这位是我岳母。

安　娜：刘师傅，您今天没上班？

刘师傅：厂里三班倒，我这个星期上夜班，白天在家休息。

大　娘：别光说话，喝茶。

哈　雷：谢谢，您身体好吧？

大　娘：很好，结实着呢。

安　娜：我们很想知道你们家里的生活情况，象全家的收入、支出什么的。

刘师傅：好。我爱人是挡车工，工资六十多元，我是机器维修工，每月七十元。岳母已经退休了，她原来是售货员，拿百分之八十的退休金。我们都享受公费医疗。三个孩子，老大、老二都是中学生，在家吃住，老三在幼儿园全托。这三间一套的房租、水、电、煤气费一个月将近十五元……看我罗嗦了半天，全是流水账。

安　娜：厂里有奖金吗？

刘师傅：有。除了工资，每月还拿到一些奖金。

安　娜：你们纺织厂女工一定不少吧？

刘师傅：是啊，大部分是女工，几乎三分之二。

哈　雷：你们夫妻俩还有其他工作吗？

刘师傅：有一点儿。我爱人是车间工会委员，我呢，在厂夜校教点儿文化课。

安　娜：您有什么爱好？

刘师傅：我喜欢下象棋，假日常到北海公园杀它一盘。有时候去城外钓钓鱼、捞个鱼虫什么的。

大　娘：他还是个足球迷，哪儿有球赛，总少不了他。

哈　雷：刘师傅的爱好还不少呢！

刘师傅：为这事还常和老婆闹点儿矛盾，假日她老想让我在家干活儿，可我呢，又老想往外跑。

安　娜：哪家都有点儿小矛盾，算不了什么。

刘师傅：你们来这儿，生活习惯吗？

哈　雷：还可以，没什么问题。

大　娘：你们常到别处旅行吗？去过哪些国家？

哈　雷：意大利、英国、澳大利亚，还有东南亚。

刘师傅：每个国家都有自己的长处，到哪儿都能看到新鲜的东西。我们中国还很落后，需要快点儿赶上去。在很多方面我们得向你们学习。

哈　雷：您说得对，我们每次旅行收获都不小。

安　娜：这半天儿我们过得很愉快，谢谢你们的热情招待。时间不早了，我们该走了。

哈　雷：给你们添了不少麻烦。

大　娘：不客气。

安　娜：请回吧，不用送了。再见！

生　　词

1. 岳母　　　（名）yuèmǔ　　　mother-in-law
2. 三班倒　　　　sānbāndǎo　　on a three-shift system
3. 夜班　　　（名）yèbān　　　night shift
4. 结实　　　（形）jiēshi　　　strong; sturdy
5. 收入　　　（名、动）shōurù　income
6. 支出　　　（名、动）zhīchū　expenditure; to spend
7. 挡车工　　（名）dǎngchēgōng weaver
8. 工资　　　（名）gōngzī　　　pay; wage; salary
9. 维修　　　（动）wéixiū　　　to maintain
10. 退休　　　（动）tuìxiū　　　to retire
11. 公费医疗　　　gōngfèi yīliáo
　　　　　　　　　　　　free medical service
12. 全托　　　（名）quántuō　　to board at the nursery
13. 房租　　　（名）fángzū　　　house rent
14. 煤气　　　（名）méiqì　　　gas
15. 将近　　　　jiāngjìn　　near to; to approach
16. 流水账　　（名）liúshuǐzhàng day-to-day account
17. 奖金　　　（名）jiǎngjīn　　money award; bonus
18. 女工　　　（名）nǚgōng　　　woman worker
19. 几乎　　　（副）jīhū　　　nearly; almost

143

20. 车间	（名）chējiān	workshop
21. 工会	（名）gōnghuì	trade union
22. 夜校	（名）yèxiào	night school
23. 爱好	（名、动）àihào	to love; to be keen on
24. 下（棋）	（动）xià (qí)	to play (chess)
25. 象棋	（名）xiàngqí	Chinese chess
26. 假日	（名）jiàrì	holiday
27. 盘	（量）pán	(a measure word)
28. 钓	（动）diào	to angle; to go fishing
29. 捞	（动）lāo	to scoop up (from the water)
30. 鱼虫	（名）yúchóng	water flea
31. 球迷	（名）qiúmí	(ball games) fan
32. 闹	（动）nào	to be on bad terms; to occur
33. 落后	（形）luòhòu	backward

专　名

1. 意大利	Yìdàlì	Italy
2. 澳大利亚	Aodàlìyà	Australia
3. 东南亚	Dōngnányà	Southeast Asia

词 语 例 解

一、杀它一盘

"它"在这里没有实际指代意义，只起加强语气的作用。例如：

> 1.星期天我们带点儿吃的，到香山好好玩儿它一天。
> 2.下决心钻研它三年五年，肯定会搞出点儿成绩来。

二、闹点儿矛盾

"闹"在这里有发生的意思，多指发生一些不好的事情。例如：

> 1.有些词用错了就会闹笑话。
> 2.从前，黄河常闹水灾。

练 习

一、对话（告别一）

A：时间不早了，我该走啦。

B：再坐会儿吧，忙什么！

A：不啦，得告辞了。你看，都十点多了！

B：那就不留你了。

A：谢谢你的热情招待。

B：不客气，以后常来玩儿。

A：有空儿一定来。

B：不远送了。

A：请回吧。

二、根据提示问话

1.问朋友的工作情况。

2. 问同学的学习情况。

3. 问一个老师的家庭情况。

4. 问外国的风俗习惯。

三、根据提示做长段的叙述

1. 向别人做自我介绍。

2. 向客人介绍自己的家庭。

3. 向别人介绍自己的朋友。

4. 向熟人介绍自己的同学。

5. 介绍自己的工厂、学校。

6. 向外国人介绍自己的国家。

第二十课 送 别

（张大海前来送别）

张大海：离开北京，你们还去哪些地方？

安　娜：先到南京、无锡、苏州、上海、杭州，然后从广州回国。很可惜不能游长江三峡了。

张大海：这些地方也够你们看的了。南京在历史上是几代京城，有许多名胜古迹，象中山陵，玄武湖。苏州、杭州的风景特别美，俗话说："上有天堂，下有苏杭。"很值得一看。

哈　雷：看来，两个星期的时间，还够紧张的了。

（赵阳等人敲门进来）

赵　阳：你们好！

安　娜：请坐！很抱歉，屋子里乱得很，我们正在收拾东西。

赵　阳：能帮助你们做点儿什么吗？

安　娜：您来得正好，您瞧，东西比来时多多了，看来随身带不了啦。

赵　阳：托运也很方便，把那些怕压的物品包好，单独放在一个皮箱里，我们明天去托运。

安　娜：那又要麻烦您了。

赵　阳：不客气。

安　娜：这些日子你们可帮了不少忙，太感谢了。

赵　阳：不周到的地方，还请你们原谅。

安　娜：哪儿的话，住在这里，就象自己家里一样。

哈　雷：这次美中不足的就是时间短了一点儿，有些地方
　　　　看得不细，有些地方没来得及看。

赵　阳：我相信，以后你们一定会有机会再来的。

安　娜：你看，还没走呢，我们又谈着再来的事了。

张大海：时间过得可真快，两年前你们送我，今天又送你
　　　　们，又要分别了。

哈　雷：中国有位古人说："人有悲欢离合，月有阴晴圆
　　　　缺，此事古难全"啊。

赵　阳：但是苏老先生还有两句："但愿人长久，千里共
　　　　婵娟"。

哈　雷：对，对，你说的很有意思。

张大海：回去后见到老朋友替我问好。

安　娜：也代我们问你爱人和孩子好。

张大海：明天我还有课，不能送你们了。祝你们旅途平
　　　　安!

生　　词

1. 送别　　（动）sòngbié　　to see off

2. 风景　　（名）fēngjǐng　　scenery; landscape

3. 天堂　　（名）tiāntáng　　paradise

4. 收拾　　（动）shōushi　　to put in order; to pack

5. 随身		suíshēn	(to take) with someone
6. 托运	（动）	tuōyùn	to consign for shipment; to check
7. 压	（动）	yā	to press
8. 物品	（名）	wùpǐn	things
9. 单独	（形）	dāndú	separate
10. 皮箱	（名）	píxiāng	leather suitcase
11. 周到	（形）	zhōudao	thoughtful
12. 美中不足		měizhōngbùzú	a blemish in an otherwise perfect thing
13. 古人	（名）	gǔrén	ancient
14. 悲欢离合		bēihuānlíhé	sadness and happiness; separation and reunion
15. 阴	（形）	yīn	cloudy
16. 晴	（形）	qíng	sunny
17. 缺	（形）	quē	crescent
18. 但	（副）	dàn	but; only
19. 愿	（动）	yuàn	to wish
20. 婵娟	（名）	chánjuān	moon
21. 替	（介）	tì	for
22. 问好		wènhǎo	to say hello to sb.

23. 旅途	（名）lǚtú	journey
24. 平安	（形）píng'ān	safe

专　　名

1. 南京	Nánjīng	name of a city
2. 无锡	Wúxī	name of a city
3. 苏州	Sūzhōu	name of a city
4. 长江三峡	Chángjiāng Sānxiá	the Three Gorges of the Changjiang (Yangtse) River
5. 中山陵	Zhōngshānlíng	Dr. Sun Yat-sen's Tomb
6. 玄武湖	Xuánwǔ Hú	Xuanwu Lake
7. 苏老	（苏轼）Sū lǎo (Sū Shì)	Su Shi (1037-1101)

词 语 例 解

一、很可惜不能游长江三峡了

"可惜"是值得惋惜的意思。例如：

　　1.在这儿真该照两张相留作纪念，可惜忘带照相机了。

2.昨晚的节目非常精彩，可惜我去晚了，只看到一半。

3.错过了这么好的机会，真可惜！

二、哪儿的话

"哪儿的话"一般指对方说得不恰当，意思是"不应该这么说"或"这么说不符合事实"。例如：

1.A：你看原文书一定没问题。

　B：哪儿的话，差得远呢。

2.A：咱们去看看尼可尔吧，听说她下午打球把眼睛碰坏了。

　B：哪儿的话。我刚从她那儿来，是把眼镜碰坏了。

练　　习

一、熟读下列句子

1.祝你们一路顺风！

2.祝你一帆风顺！

3.祝大家旅途平安！

4.祝你一切顺利！

5.祝你们在学习上取得更大的进步！

二、对话（告别二）

A：感谢您多方关照。

B：不周到的地方，还请多多原谅。

A：两个月来，您辛苦了！

B：没什么，都是我应该做的。

A：您帮了不少忙，叫我怎么谢您呢？

B：不要客气。欢迎你常来。

A：好，再见吧！

B：再见，一路顺风！

三、根据提示请别人替自己转达问候

1.请张老师转达对李老师的问候。

2.请老张转达对他爱人、孩子的问候。

3.（哈雷住院了）请安娜转达对他的问候。

4.请安娜回国后转达对她全家的问候。

5.哈雷夫妇将要回国，请他们转达对朋友们的问候。